GÉNÉALOGIE

de Claude NOIR-LENOIR et Jeanne BERTHIER

2016

Illustration : ***Alain B***
Traduction :
Autres coopérateurs :

Edition : BoD - Books on Demand
12/14 rond-point des Champs Elysées
75008 Paris
Imprimé par BoD – Books on Demand, Norderstedt

Dépôt légal : ***04 2016***

ISBN : 9782322044504

9 782322 044504

Des parties de ce livre ont été réalisées à l'aide de GenoPresse MC.
GenoPresse MC est une marque et un logiciel de Inergo, Inc.

Remerciements particuliers à Jeannine LENOIR
Suzanne, Philomène CHAIZE
Marcelle LENOIR

À ma mère Raymonde LENOIR,

Trop tôt disparue

Préface

Depuis plusieurs années je recherche nos ancêtres pour faire savoir à notre descendance d'où nous venons et ou nous allons car de la Creuse aux Alpes-Maritimes nos patronymes ont voyagés, se sont dispersés en France et même hors de France pour certains.

Vous découvrirez leurs origines, leurs métiers et autant se peut leur vie familiale qui m'a été connue ou racontée.

Les noms ont évolués au gré des écritures moyennement fiables et surtout des fautes d'orthographe des scribes publics qui inscrivaient comme ils croyaient savoir le nom qu'ils entendaient.

Table des matières

Descendants de Claude NOIR-LENOIR et Jeanne BERTHIER

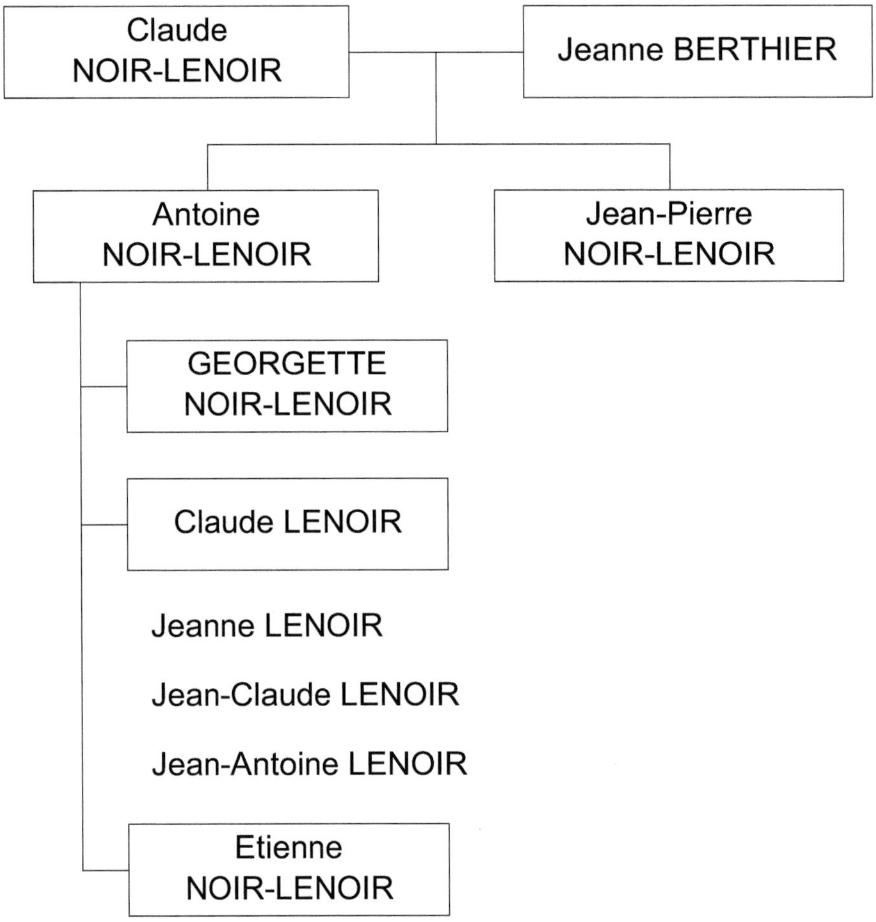

Descendants de Claude NOIR-LENOIR et Jeanne BERTHIER

Claude NOIR et le premier ancêtre trouvé, de lui descendent des NOIRS principalement à Saint-Cyr-au-Mont-d'Or, puis au fil du temps LENOIR est inscrit sur les documents.

L'origine du patronyme pourrait être Saint-Pierre-le-Bost, 23600, Creuse, Limousin, FRANCE,

1. **Claude NOIR-LENOIR**, fils de Claude NOIR-LENOIR. Il s'est marié le 13 février 1734 à Saint-Cyr-au-Mont-d'Or, 69450, Rhône, Rhône-Alpes, FRANCE, avec **Jeanne BERTHIER**, fille d'Antoine BERTHIER. Note : Présents Claude NOIR, Pierre NOIR, François BERTHIER, Jean-Baptiste DURAND. Claude a été vigneron à Saint-Cyr-au-Mont-d'Or, 69450, Rhône, Rhône-Alpes, FRANCE, Mont Thoux.

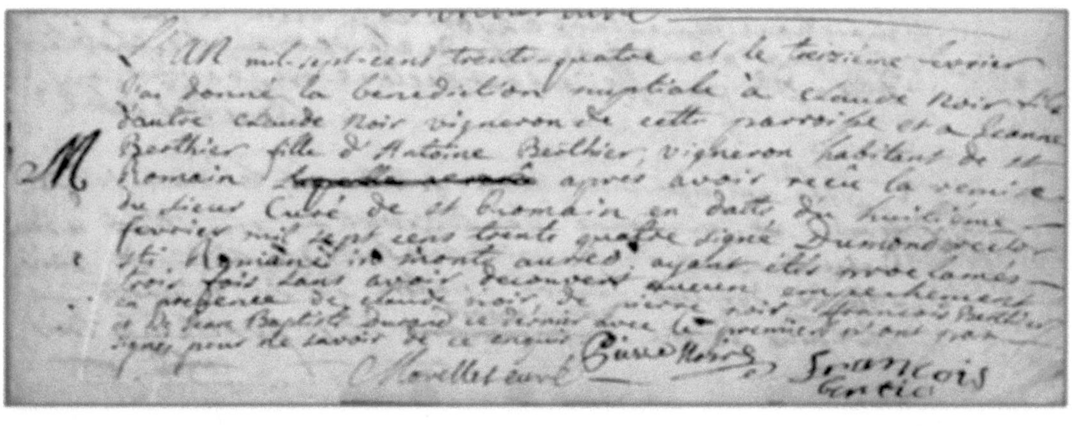
M
L'an mil sept cent trente quatre et le treizième fevrier
ay donné la benediction nuptiale à claude Noir fils
d'autre claude Noir vigneron de cette parroisse et a Jeanne
Berthier fille d'Antoine Berthier vigneron habitant de st
Romain [illegible] apres avoir receu la remise
du sieur Curé de st Romain en datte du huitième
fevrier mil sept cens trente quatre signé Durand [illegible]
[illegible] ayant été proclamés
trois fois sans avoir decouvert aucun empechement
en presence de claude noir de pierre noir [illegible]
et de jean Baptiste durand ce dernier avec le premier n'ont [illegible]
signé pour ne savoir de ce enquis
Morellet curé Pierre Noir François Bertie

EM_NOIR-LENOIR_Claude x BERTHIER

Claude NOIR-LENOIR et Jeanne BERTHIER ont eu deux garçons :

2. I. **Antoine NOIR-LENOIR**.
3. II. **Jean-Pierre NOIR-LENOIR**.

Génération 2

2. **Antoine NOIR-LENOIR**, fils de Claude NOIR-LENOIR (1) et Jeanne BERTHIER. Il s'est marié le 28 janvier 1766 à Saint-Cyr-au-Mont-d'Or, 69450, Rhône, Rhône-Alpes, FRANCE, avec **Jeanne, Marie MURAT**, fille d'Alexandre MURAT et Marie JULLIARD. Note : Présents Jeanne BERTHIET mère de l'époux, Marie JULLIARD mère de l'épouse, Jean-Pierre NOIR, Etienne MURAT frère de l'épouse, Claude LEGER. Antoine a été vigneron à Saint-Cyr-au-Mont-d'Or, 69450, Rhône, Rhône-Alpes, FRANCE, Mont Thoux.

Antoine NOIR-LENOIR et Jeanne, Marie MURAT ont eu trois enfants (une fille et deux garçons) (détails en page 16) :

4. I. **GEORGETTE NOIR-LENOIR**.
5. II. **Claude LENOIR**.
6. III. **Etienne NOIR-LENOIR**.

3. **Jean-Pierre NOIR-LENOIR**, fils de Claude NOIR-LENOIR (1) et Jeanne BERTHIER.

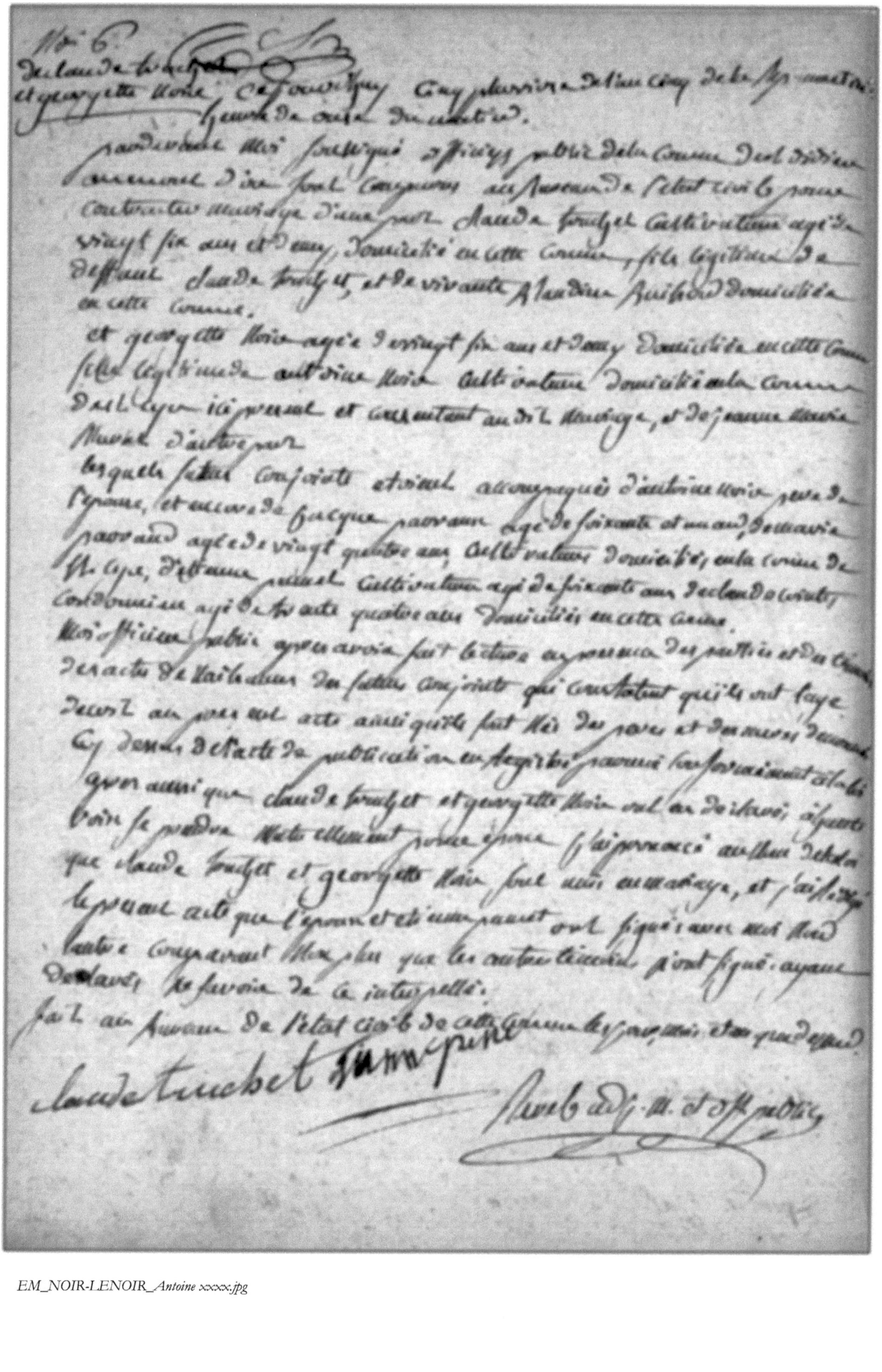

EM_NOIR-LENOIR_Antoine xxxx.jpg

Génération 3

4. **GEORGETTE NOIR-LENOIR** Fille d'Antoine NOIR-LENOIR (2) et Jeanne, Marie MURAT. Elle est née vers 1770. Elle s'est mariée le 24 janvier 1797, vers l'âge de 26 ou 27 ans, à Saint-Didier-au-Mont-d'Or, 69370, Rhône, Rhône-Alpes, FRANCE, avec **Claude TRUCHET**, âgé de 25 ou 26 ans, fils de Claude TRUCHET et Blandine BUISSON. Claude est né en 1771. Il est décédé en 1806, à l'âge de 34 ou 35 ans. Par la suite, GEORGETTE s'est remariée le 26 novembre 1806, vers l'âge de 35 ou 36 ans, à Saint-Didier-au-Mont-d'Or, 69370, Rhône, Rhône-Alpes, FRANCE, avec **Antoine DARGERE**, âgé de 28 ou 29 ans, fils d'Antoine DARGERE et Jeanne GAYET. Antoine est né en 1777.

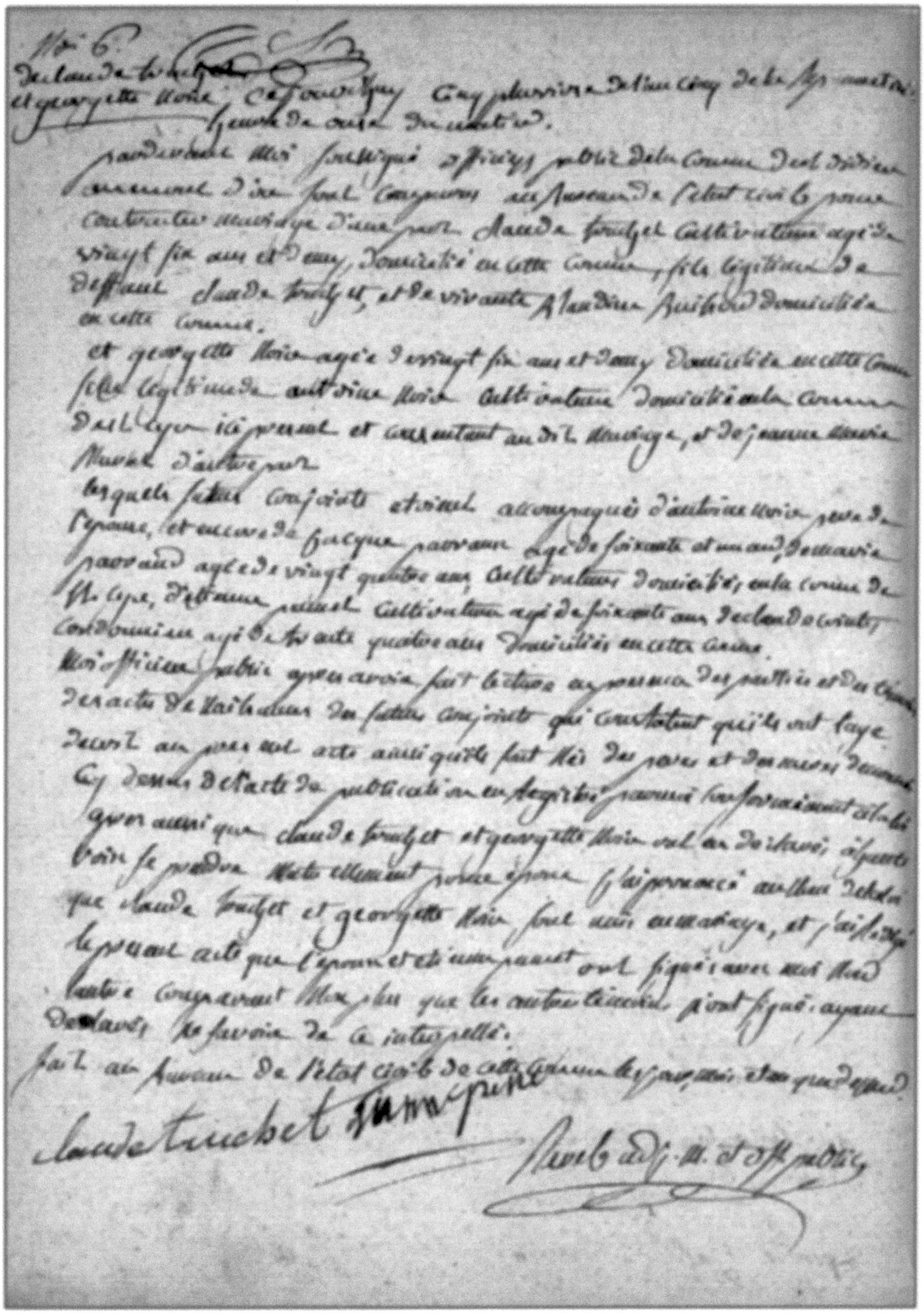

EM_NOIR-LENOIR GEORGETTE 1770.jpg

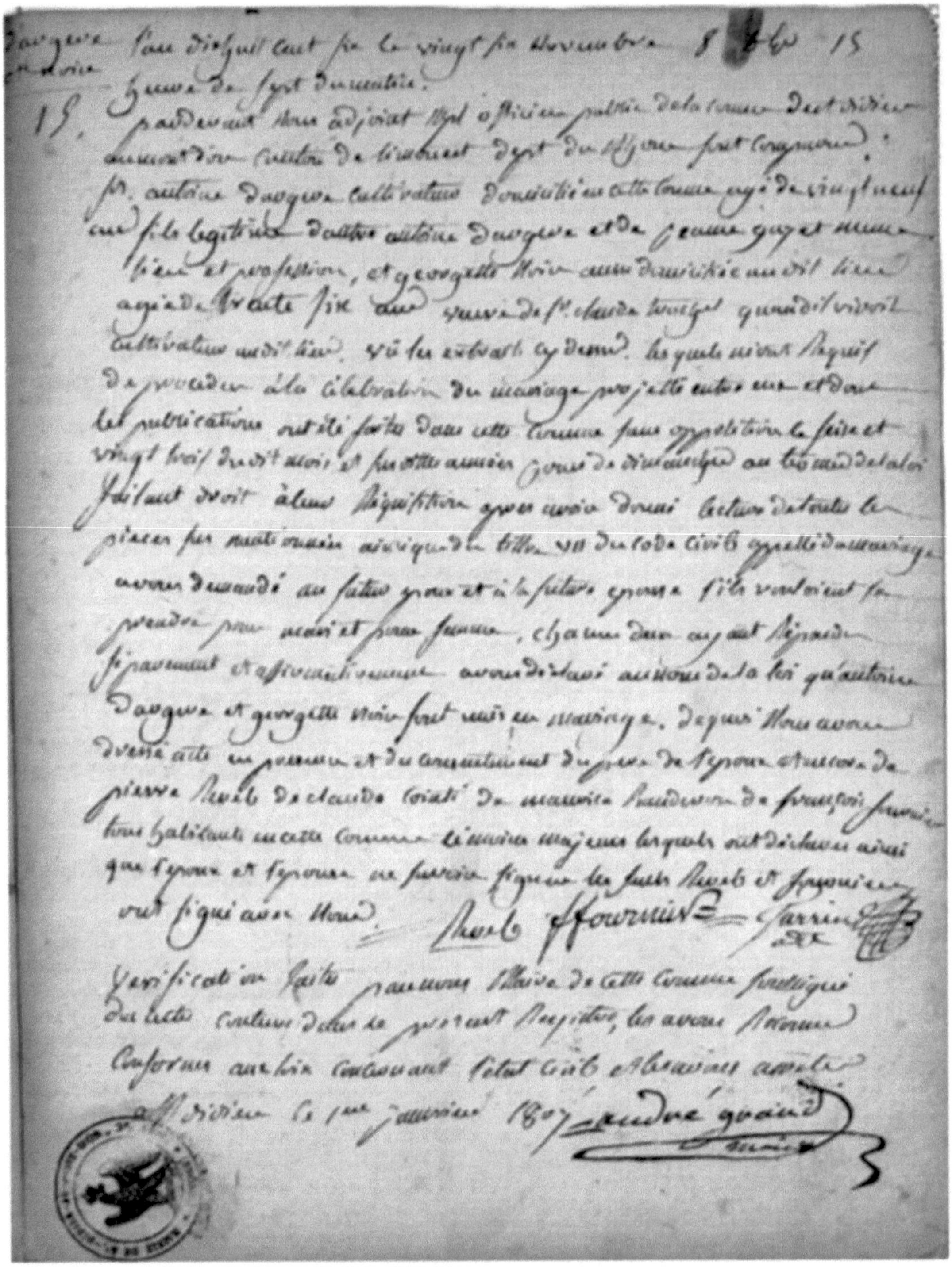

EM_NOIR-LENOIR GEORGETTE 1770(2).jpg

5. **Claude LENOIR** fils d'Antoine NOIR-LENOIR (2) et Jeanne, Marie MURAT. Il est né le 14 février 1784 à Saint-Cyr-au-Mont-d'Or, 69450, Rhône, Rhône-Alpes, FRANCE et a été baptisé le lendemain au même endroit. Note : Le parrain Claude BERTHIER de St-Romain-au-Mont-D'Or cousin de l'enfant, sa marraine Jeanneton BERNARD, fille de Pierre BERNARD. Il a vécu avec **Marguerite GILLIARD**, fille de Claude GILLIARD et Catherine THEVE. Claude a résidé à Poleymieux-au-Mont-d'Or (***Voir texte en annexe***), 69250, Rhône, Rhône-Alpes, FRANCE le 21 mai 1828. Il est décédé le 11 mai 1870, à l'âge de 86 ans, à Saint-Cyr-au-Mont-d'Or, 69450, Rhône, Rhône-Alpes, FRANCE, Mont Thoux.

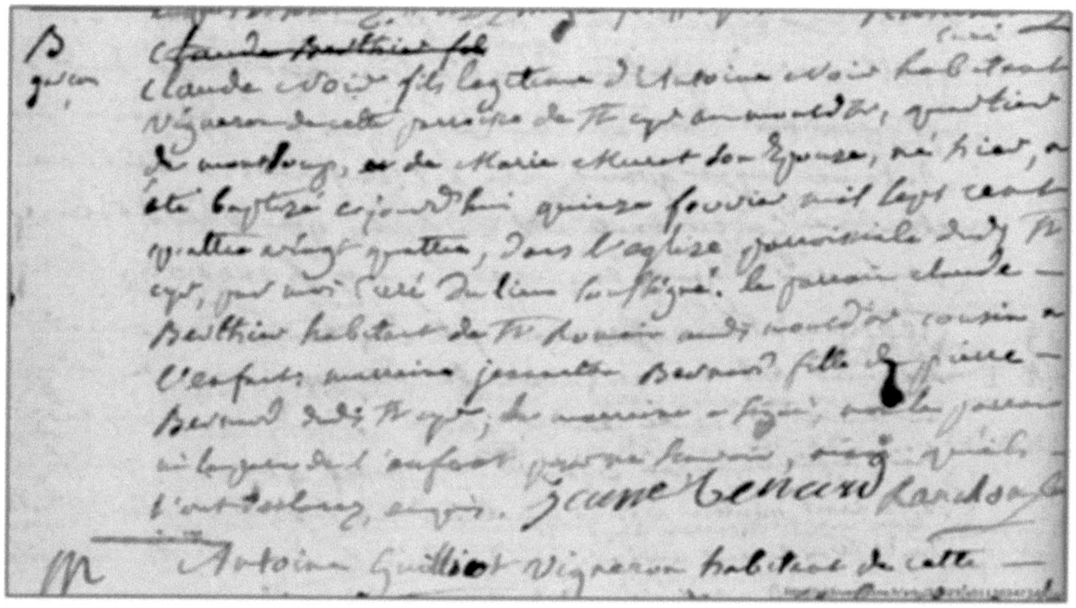

EN_NOIR-LENOIR_CLaude-1784.jpg

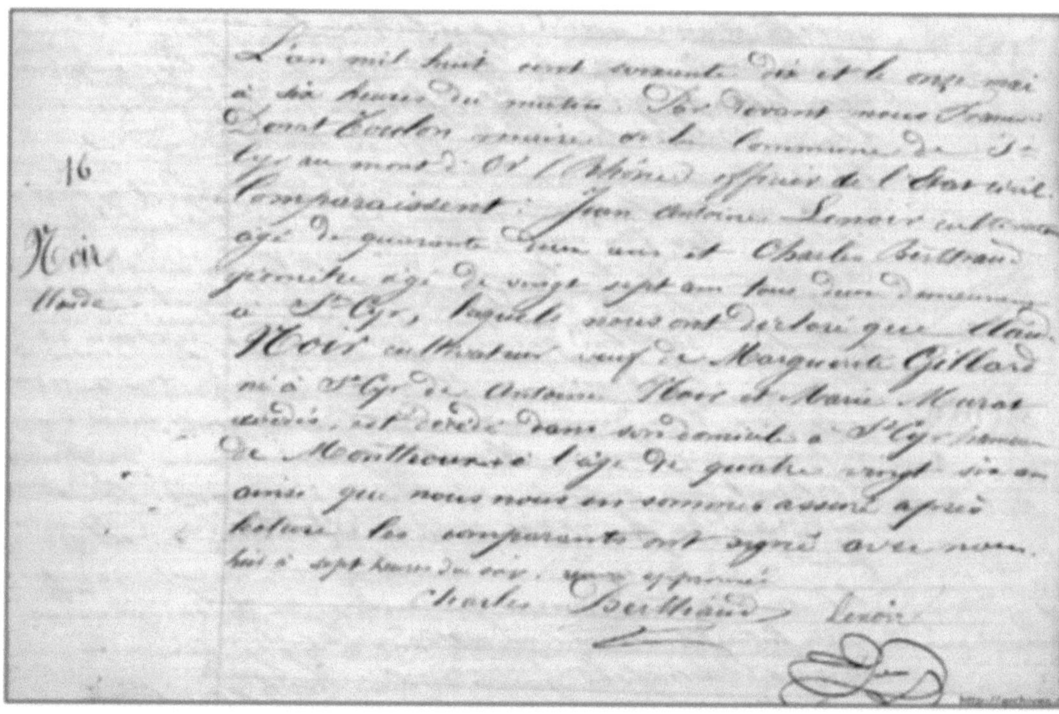

ED_NOIR-LENOIR_Claude 1784.jpg

Marguerite GILLIARD. Elle est née le 4 juin 1783 à Francheville, 69340, Rhône, Rhône-Alpes, FRANCE et a été baptisée le lendemain au même endroit. Témoin : Morgan GILLIARD. Note : Parrain: Pierre GILLIARD, oncle de l'enfant, sa marraine Morgan GILLIARD sa tante. Marguerite est décédée le 8 septembre 1850, à l'âge de 67 ans, à Saint-Cyr-au-Mont-d'Or, 69450, Rhône, Rhône-Alpes, FRANCE. Note : Présents: Antoine CARBON 44 ans, cultivateur à Ste Foy les Lyon, gendre de la défunte et Jean VALENSANR 52 ans, épicier à St CYR au Mont D'Or.

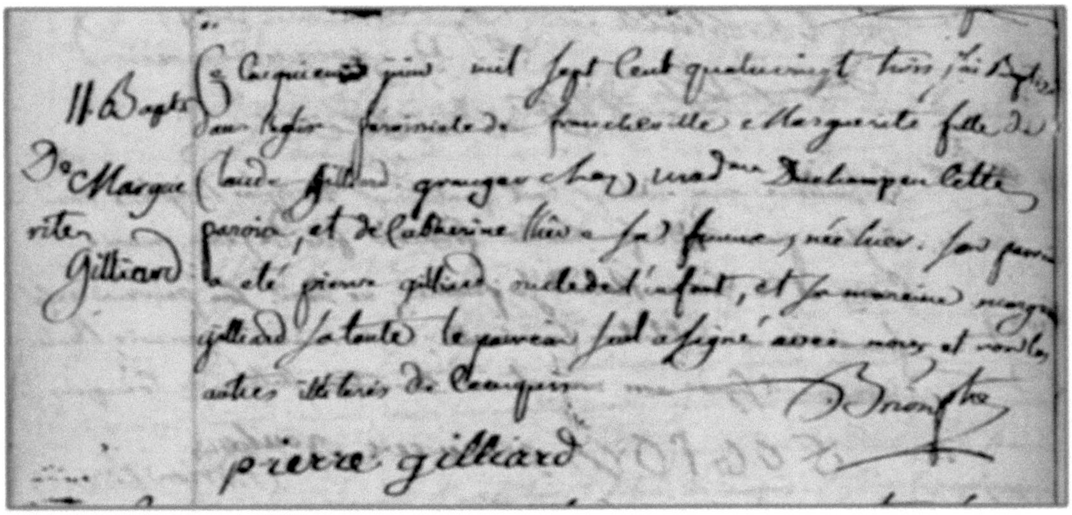
11 Bapt. de Marguerite Gillard

Le cinquième juin mil sept cent quatrevingt trois j'ai baptisé [illegible] paroisse de francheville Marguerite fille de Claude Gillard granger [illegible] cette paroisse, et de Catherine [illegible] sa femme, née hier. Son parrain a été pierre gillard oncle de l'enfant, et sa marraine marguerite gillard sa tante le parrain seul a signé avec nous et non les autres illettrés de ce enquis.

Brun[illegible]

pierre gillard

EN_GILLIARD_Marguerite 1783.jpg

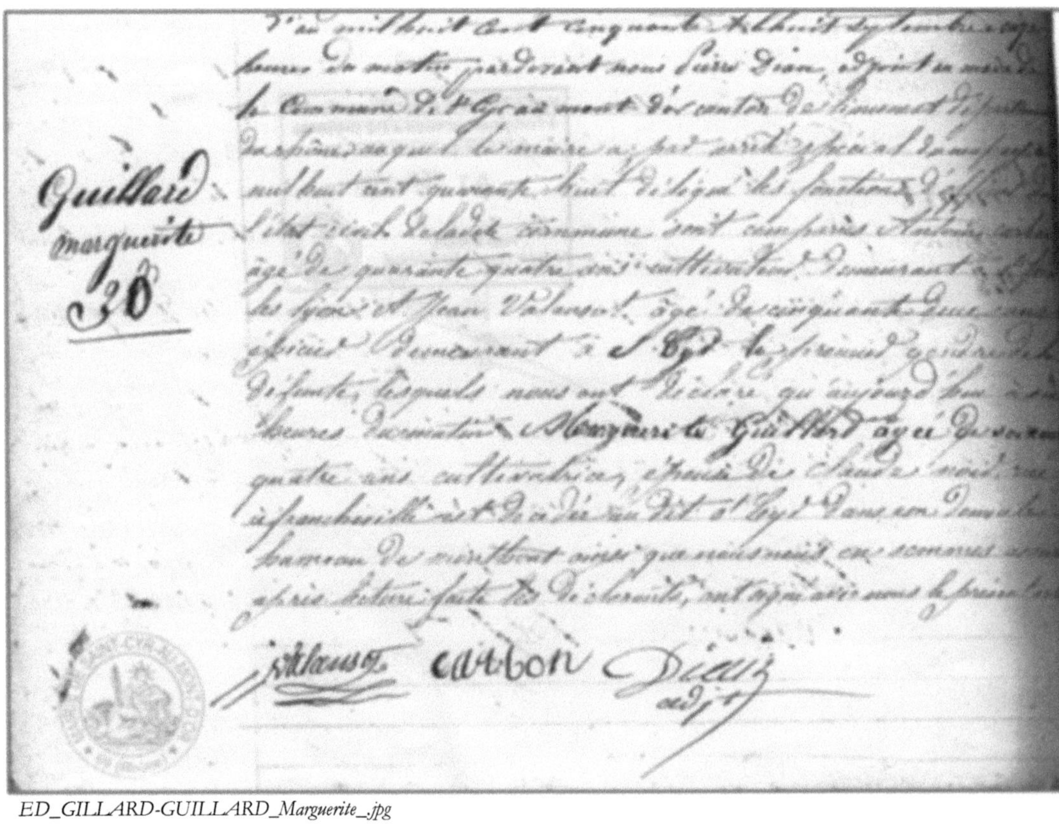
Guillard marguerite 38

L'an mil huit cent cinquante le huit septembre [illegible] heures du matin par devant nous Pierre Dian, adjoint au maire de la commune de St Cyr au mont d'or canton de [illegible] département du Rhône auquel le maire a par arrêté spécial [illegible] mil huit cent quarante huit délégué les fonctions d'officier de l'état civil de ladite commune sont comparus Antoine [illegible] âgé de quarante quatre ans cultivateur demeurant à [illegible] et Jean Valensot âgé de cinquante [illegible] ans [illegible] demeurant à St Cyr le premier gendre de la défunte, lesquels nous ont déclaré qu'aujourd'hui à [illegible] heures du matin Marguerite Guillard âgée de [illegible] quatre ans cultivatrice, épouse de Claude Noir née à francheville est décédée au dit St Cyr dans son domicile hameau de [illegible] ainsi que nous nous en sommes assuré, après lecture faite du décès, ont signé avec nous le premier [illegible]

Valensot Carron Dian adj.

ED_GILLARD-GUILLARD_Marguerite_.jpg

Claude LENOIR et Marguerite GILLIARD ont eu 5 enfants (deux filles et trois garçons) (détails en page 23) :

Antoine LENOIR
Né le 14 janvier 1811 - Sainte-Foy-lès-Lyon,69110,Rhône,Rhône-Alpes,France
Naissance: Sainte-Foy-lès-Lyon N 1811 v.02

Toinette LENOIR
Née le 24 décembre 1812 - Sainte-Foy-lès-Lyon,69110,Rhône,Rhône-Alpes,France
Naissance: Sainte-Foy-lès-Lyon N 1812 v.12 N°47

7. I. **Jeanne LENOIR**.

8. II. **Jean-Claude LENOIR**.

9. III. **Jean-Antoine LENOIR**.

6. **Etienne NOIR-LENOIR** fils d'Antoine NOIR-LENOIR (2) et Jeanne, Marie MURAT. Il est né le 24 juin 1787 à Saint-Cyr-au-Mont-d'Or, 69450, Rhône, Rhône-Alpes, FRANCE.

Génération 4

Descendants d'Antoine NOIR-LENOIR et Jeanne, Marie MURAT

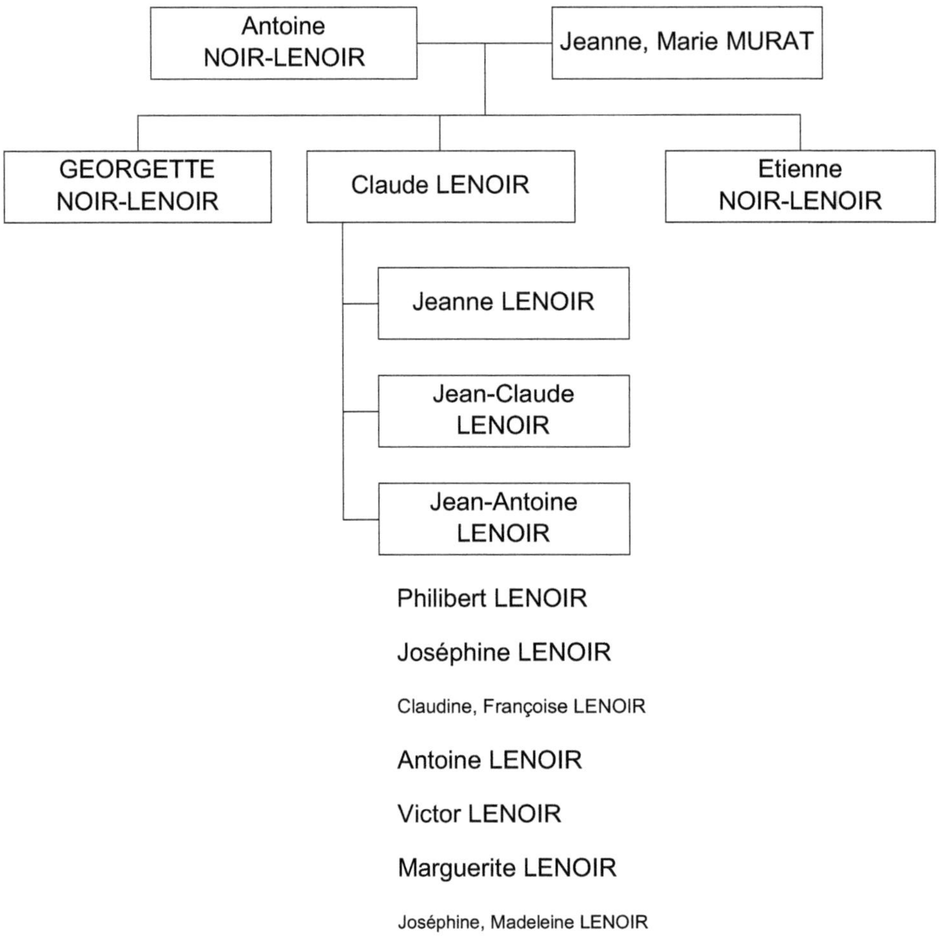

7. **Jeanne LENOIR** fille de Claude LENOIR (5) et Marguerite GILLIARD. Elle est née le 13 janvier 1822 à Saint-Cyr-au-Mont-d'Or, 69450, Rhône, Rhône-Alpes, FRANCE. Note : En présence de Mathieu VINCENT et Jeanne THÊVE. Elle s'est mariée le 23 décembre 1837, à l'âge de quinze ans, à Saint-Cyr-au-Mont-d'Or, 69450, Rhône, Rhône-Alpes, FRANCE, avec **Antoine CARBON**, âgé de 31 ans, fils de JEAN CARBON et Benoîte GILLAS. Note : Témoins:1) Pierre DIAN, cultivateur 47 ans, 2) Joseph MOLLARD, cultivateur 53 ans, 3) François THEVENON 40 ans, 4) Pierre TISSIEUX, bourrelier 30 ans.

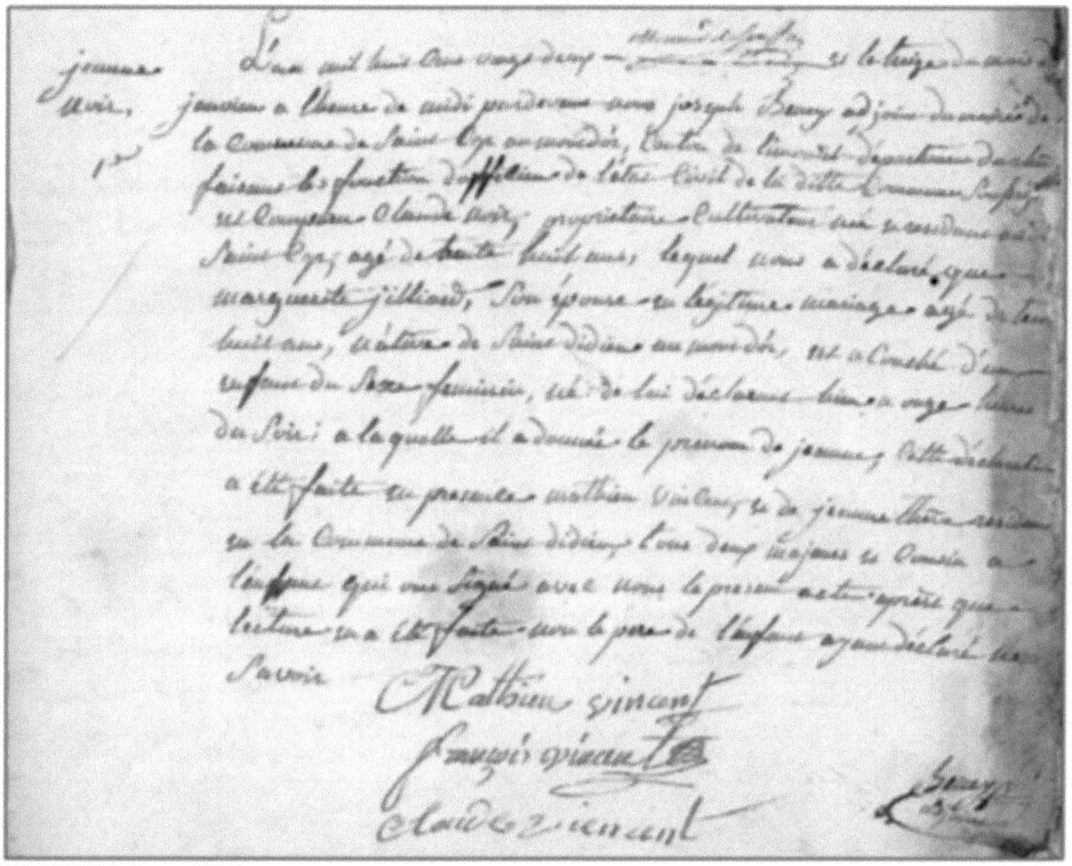

EN_LENOIR_Jeanne 1822.jpg

EM_LENOIR_Jeanne 1822.jpg

Antoine CARBON. Il est né le 25 juillet 1806 à Cailloux-sur-Fontaines, 69270, Rhône, Rhône-Alpes, FRANCE. Il a également vécu avec **Jeanne DESBEAUX**. Elle est décédée le 8 avril 1841 à Saint-Cyr-au-Mont-d'Or, 69450, Rhône, Rhône-Alpes, FRANCE. Antoine a été cultivateur en 1842 à Saint-Cyr-au-Mont-d'Or, 69450, Rhône, Rhône-Alpes, FRANCE.

8. **Jean-Claude LENOIR** fils de Claude LENOIR [5] et Marguerite GILLIARD. Il est né le 21 mars 1826 à Poleymieux-au-Mont-d'Or, 69250, Rhône, Rhône-Alpes, FRANCE. Note : Présents: Jean Claude PEYTET, 22ans, cultivateur, parrain de l'enfant, Jean Claude RAVEL, 39 ans, cultivateur. Il est décédé le 14 septembre 1826, âgé de six mois seulement, à Poleymieux-au-Mont-d'Or, 69250, Rhône, Rhône-Alpes, FRANCE.

9. **Jean-Antoine LENOIR** fils de Claude LENOIR [5] et Marguerite GILLIARD. Il est né le 22 mai 1828 à Poleymieux-au-Mont-d'Or, 69250, Rhône, Rhône-Alpes, FRANCE. Il s'est marié le 18 novembre 1857, à l'âge de vingt-neuf ans, à Chasselay, 69380, Rhône, Rhône-Alpes, FRANCE, avec **Marie VAILLANT**, âgée de vingt-sept ans, fille de Philibert VAILLANT et Catherine LAMBERT. Jean-Antoine a résidé à Saint-Cyr-au-Mont-d'Or, 69450, Rhône, Rhône-Alpes, FRANCE, Mont Thoux le 31 décembre 1801. Note : Recensement de 1901 6 MP 450 Population éparse v.07. Il est resté à Brindas, 69126, Rhône, Rhône-Alpes, FRANCE le 9 août 1862. Note : Domicile connu à la naissance de sa fille Joséphine. Il est décédé le 10 septembre 1901, à l'âge de 73 ans, à Saint-Cyr-au-Mont-d'Or, 69450, Rhône, Rhône-Alpes, FRANCE, Mont Thoux.

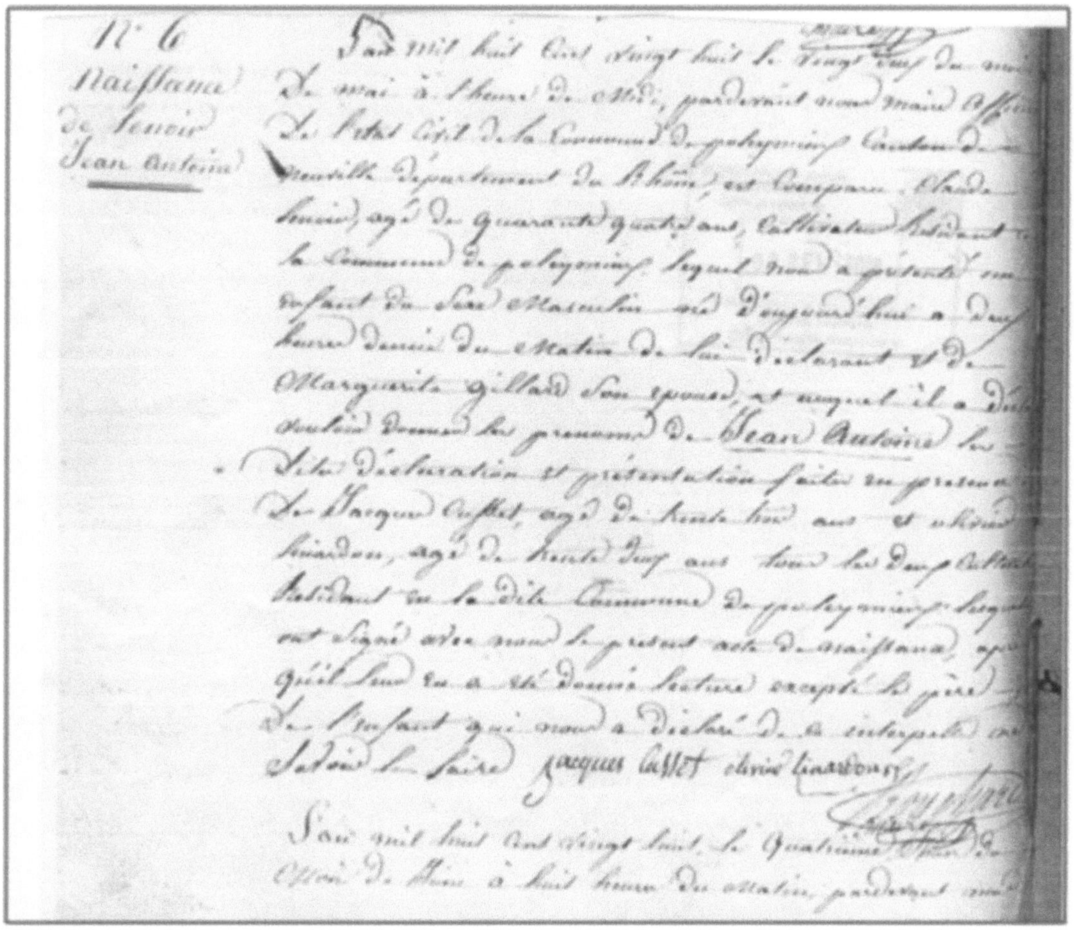

N° 6
Naissance
de Lenoir
Jean Antoine

L'an mil huit cent vingt huit le vingt deux du mois de mai à l'heure de midi, pardevant nous maire officier de l'état civil de la commune de polyemieux canton de neuville département du Rhône, est comparu Claude Lenoir, agé de quarante quatre ans, cultivateur résidant en la commune de polyemieux lequel nous a présenté un enfant du sexe masculin né d'aujourd'hui à deux heures demie du matin de lui déclarant et de Marguerite gillard son épouse, et auquel il a déclaré vouloir donner les prénoms de Jean Antoine les dite déclaration et présentation faites en présence de Jacques Cusset, agé de trente huit ans et Claude Chardon, agé de trente deux ans tous les deux cultivateurs résidant en la dite commune de polyemieux lesquels ont signé avec nous le présent acte de naissance après qu'il leur en a été donné lecture excepté le père de l'enfant qui nous a déclaré de ce interpellé ne savoir le faire. Jacques Cusset claude chardon [illegible]

L'an mil huit cent vingt huit le [illegible] [illegible] à huit heures du matin, pardevant [illegible]

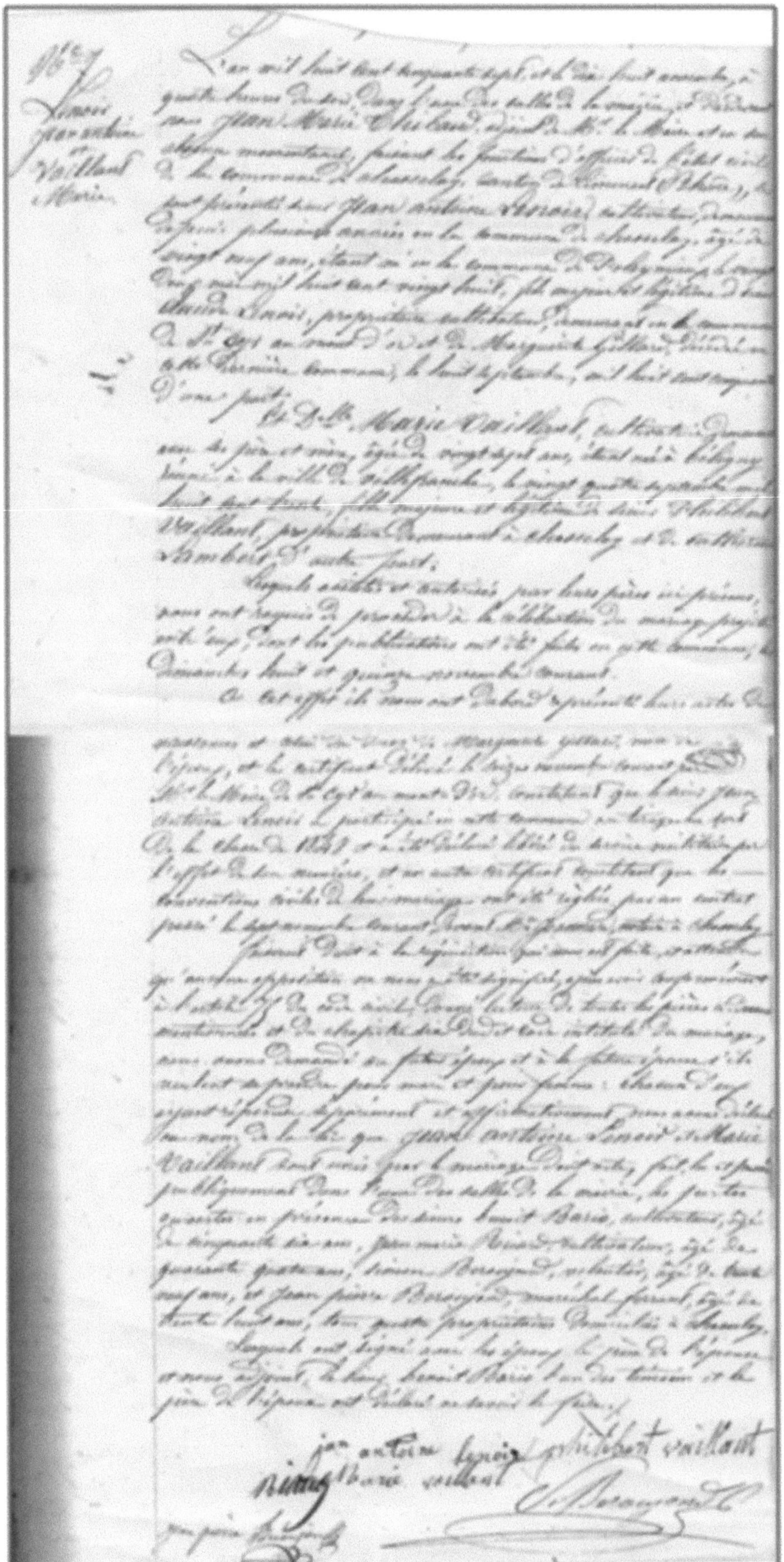
N° 27 Lenoir Jean Antoine Vaillant Marie

L'an mil huit cent vingt-huit, et le [illegible] novembre, à quatre heures du soir, dans l'une des salles de la mairie, et par devant nous Jean Marie [illegible], adjoint de M. le Maire et en son absence momentanée, faisant les fonctions d'officier de l'état civil de la commune de Chasselay, canton de Limonest (Rhône), sont présentés sieur Jean Antoine Lenoir, cultivateur, demeurant depuis plusieurs années en la commune de Chasselay, âgé de vingt neuf ans, étant né en la commune de Poleymieux [illegible] fils majeur et légitime de [illegible] Lenoir, propriétaire cultivateur, demeurant en la commune de St Cyr au mont d'or et de Marguerite Gillet, décédée en cette dernière commune, [illegible] d'une part.

Et Delle Marie Vaillant, cultivatrice, demeurant avec ses père et mère, âgée de vingt sept ans, étant née à [illegible] le vingt quatre septembre mil huit cent [illegible], fille majeure et légitime de sieur Philibert Vaillant, propriétaire demeurant à Chasselay et de Catherine Lambert d'autre part.

[illegible]

Jean Antoine Lenoir — Marie Vaillant — Philibert Vaillant

EM_LENOIR_J-A_1828.jpg

Marie VAILLANT. Elle est née le 25 septembre 1830 à Villefranche-sur-Saône, 69400, Rhône, Rhône-Alpes, FRANCE, Béligny. Elle est décédée le 8 décembre 1901, à l'âge de 71 ans, à Saint-Cyr-au-Mont-d'Or, 69450, Rhône, Rhône-Alpes, FRANCE.

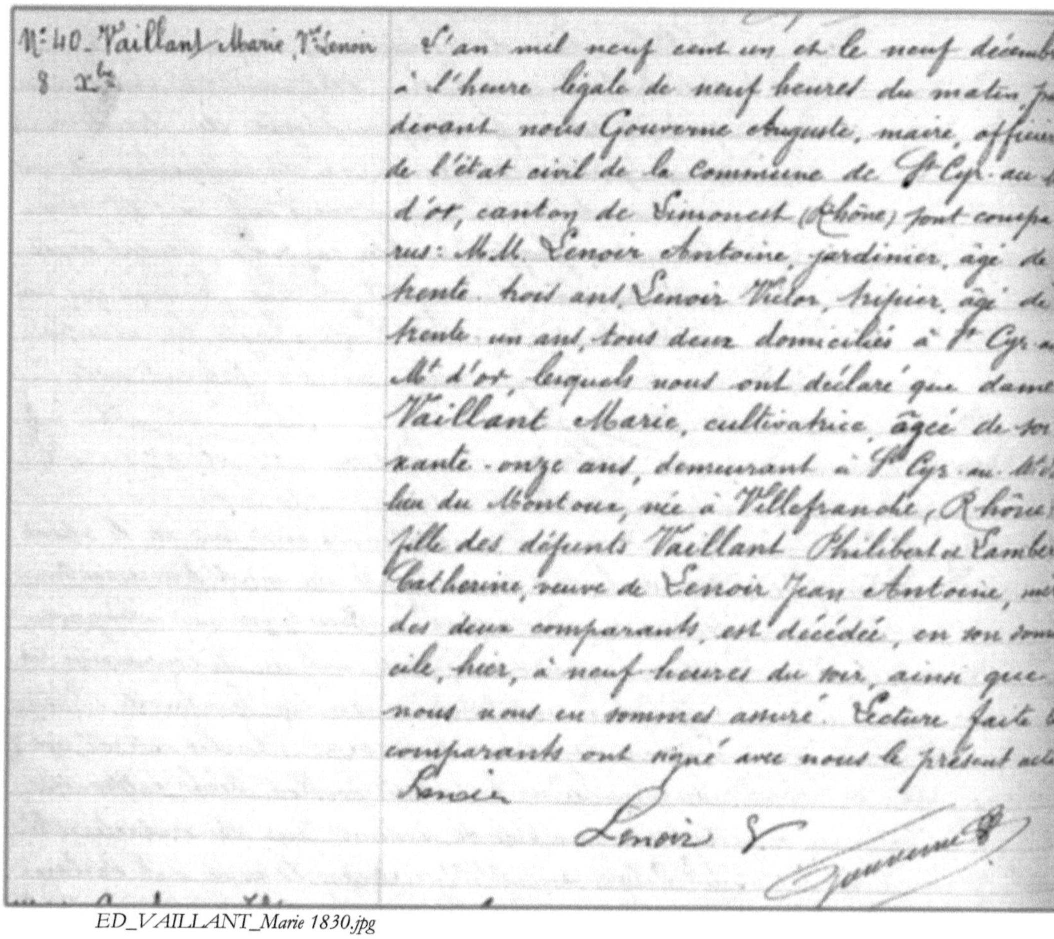

N° 40 - Vaillant Marie Vve Lenoir
8 xbre

L'an mil neuf cent un et le neuf décembre, à l'heure légale de neuf heures du matin, par devant nous Gouverne Auguste, maire, officier de l'état civil de la commune de St Cyr-au-Mt d'or, canton de Limonest (Rhône) sont comparus : MM. Lenoir Antoine, jardinier, âgé de trente trois ans, Lenoir Victor, tripier, âgé de trente un ans, tous deux domiciliés à St Cyr-au-Mt d'or, lesquels nous ont déclaré que dame Vaillant Marie, cultivatrice, âgée de soixante-onze ans, demeurant à St Cyr-au-Mt d'or, lieu du Montout, née à Villefranche (Rhône), fille des défunts Vaillant Philibert et Lambert Catherine, veuve de Lenoir Jean Antoine, mère des deux comparants, est décédée, en son domicile, hier, à neuf heures du soir, ainsi que nous nous en sommes assuré. Lecture faite les comparants ont signé avec nous le présent acte.

Lenoir

Lenoir V.

Gouverne A

ED_VAILLANT_Marie 1830.jpg

Jean-Antoine LENOIR et Marie VAILLANT ont eu sept enfants (trois garçons et quatre filles) (détails en page 29) :

10. I. **Philibert LENOIR.**
11. II. **Joséphine LENOIR.**
12. III. **Claudine, Françoise LENOIR.**
13. IV. **Antoine LENOIR.**
14. V. **Victor LENOIR.**
15. VI. **Marguerite LENOIR.**
16. VII. **Joséphine, Madeleine LENOIR.**

Génération 5

Descendants de Claude LENOIR et Marguerite GILLIARD

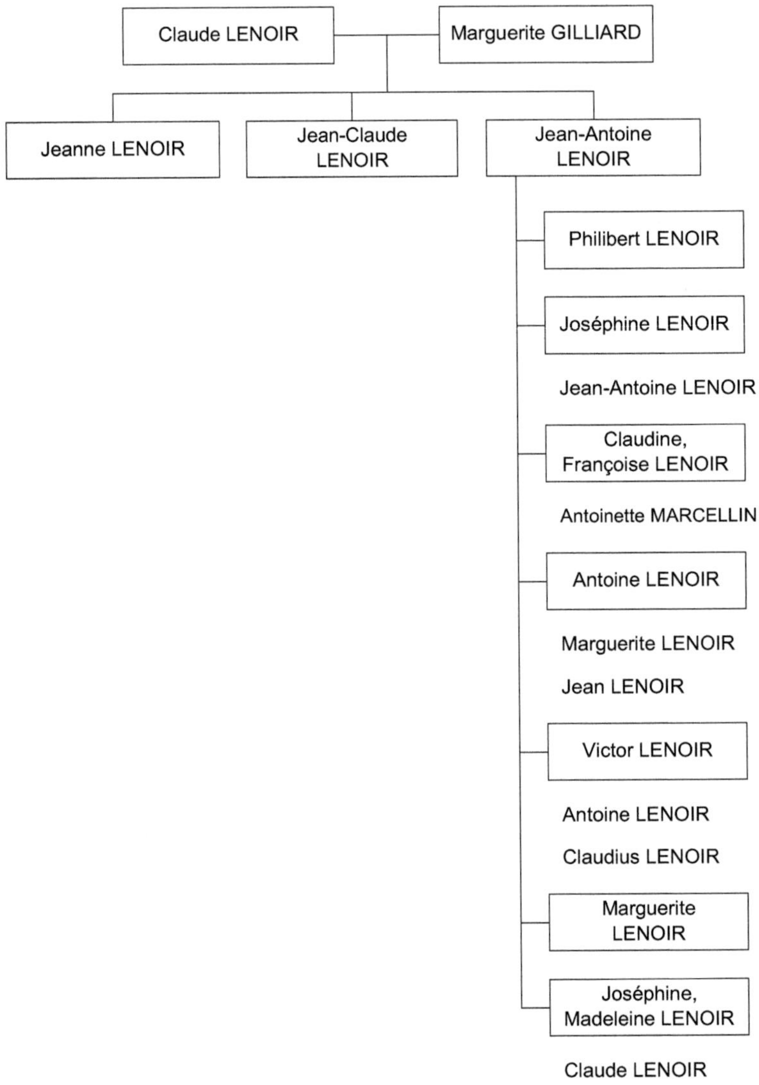

10. **Philibert LENOIR** fils de Jean-Antoine LENOIR (9) et Marie VAILLANT. Il est né le 7 septembre 1858 à Saint-Cyr-au-Mont-d'Or, 69450, Rhône, Rhône-Alpes, FRANCE, Mont Thoux. Il a résidé à Saint-Cyr-au-Mont-d'Or, 69450, Rhône, Rhône-Alpes, FRANCE, Canton-Charmand en 1936. Note : Recensement 1936 6 MP 703 Population éparse p.06. Il est décédé le 24 mars 1939, à l'âge de 80 ans, à Saint-Cyr-au-Mont-d'Or, 69450, Rhône, Rhône-Alpes, FRANCE, Canton-Charmand.

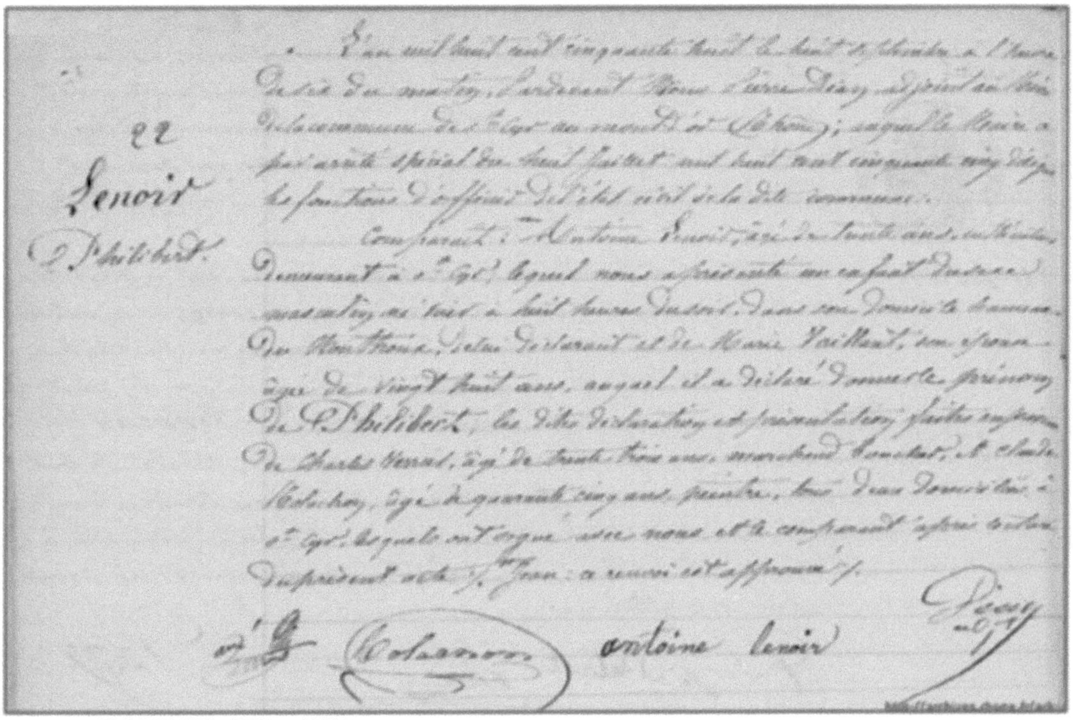
22
Lenoir
Philibert
antoine lenoir

EN_LENOIR_Philibert 1858.jpg

ED_LENOIR_Philibert 1858.jpg

11. **Joséphine LENOIR** (Jean-Antoine LENOIR, Claude, Antoine NOIR-LENOIR, Claude), fille de Jean-Antoine LENOIR [9] et Marie VAILLANT. Elle est née le 9 août 1863 à Brindas, 69126, Rhône, Rhône-Alpes, FRANCE. Elle est décédée le 22 mai 1886, à l'âge de vingt-deux ans, à Lyon 2e Arrondissement, 69002, Rhône, Rhône-Alpes, FRANCE.

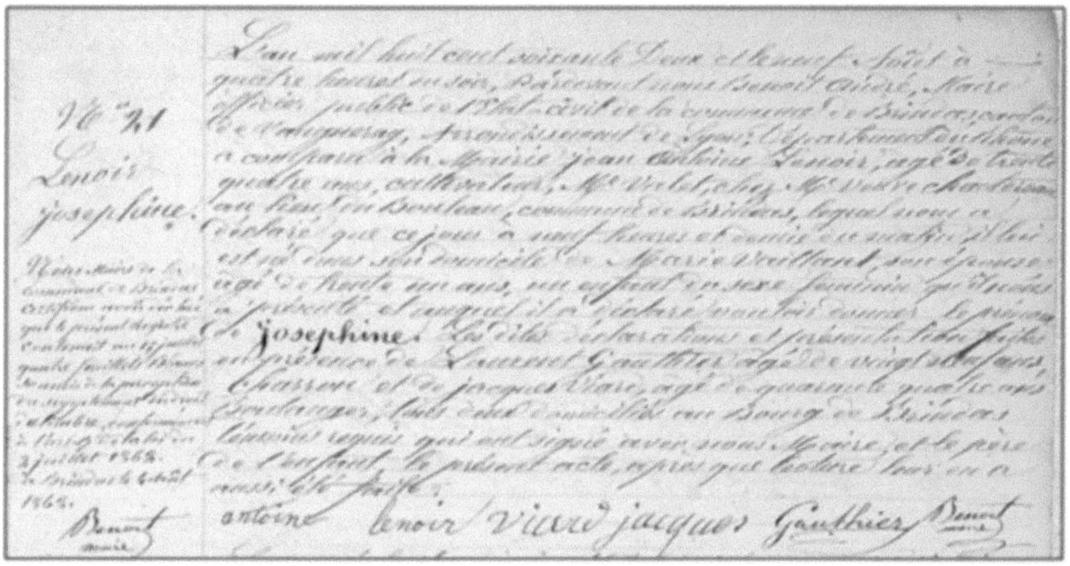

LENOIR_Joséphine 1862.jpg

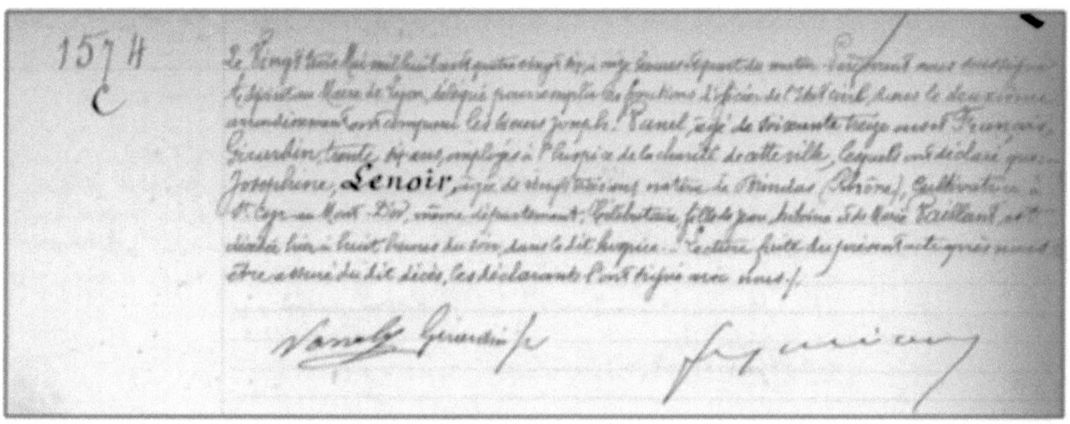

ED_LENOIR_Joséphine 1862.jpg

Joséphine LENOIR a eu un garçon (détails en page 28) :

17. I. **Jean-Antoine LENOIR**.

12. **Claudine, Françoise LENOIR** fille de Jean-Antoine LENOIR (9) et Marie VAILLANT. Elle est née le 28 novembre 1864 à Oullins, 69600, Rhône, Rhône-Alpes, FRANCE. Elle s'est mariée le 27 décembre 1890, à l'âge de vingt-six ans, à Saint-Cyr-au-Mont-d'Or, 69450, Rhône, Rhône-Alpes, FRANCE, avec **Jean-Baptiste MARCELLIN**, âgé de 37 ans, fils de Jean-Etienne MARCELLIN et Antoinette THEVENET. Claudine, Françoise est décédée le 7 février 1922, à l'âge de 57 ans, à Saint-Cyr-au-Mont-d'Or, 69450, Rhône, Rhône-Alpes, FRANCE, La Forge.

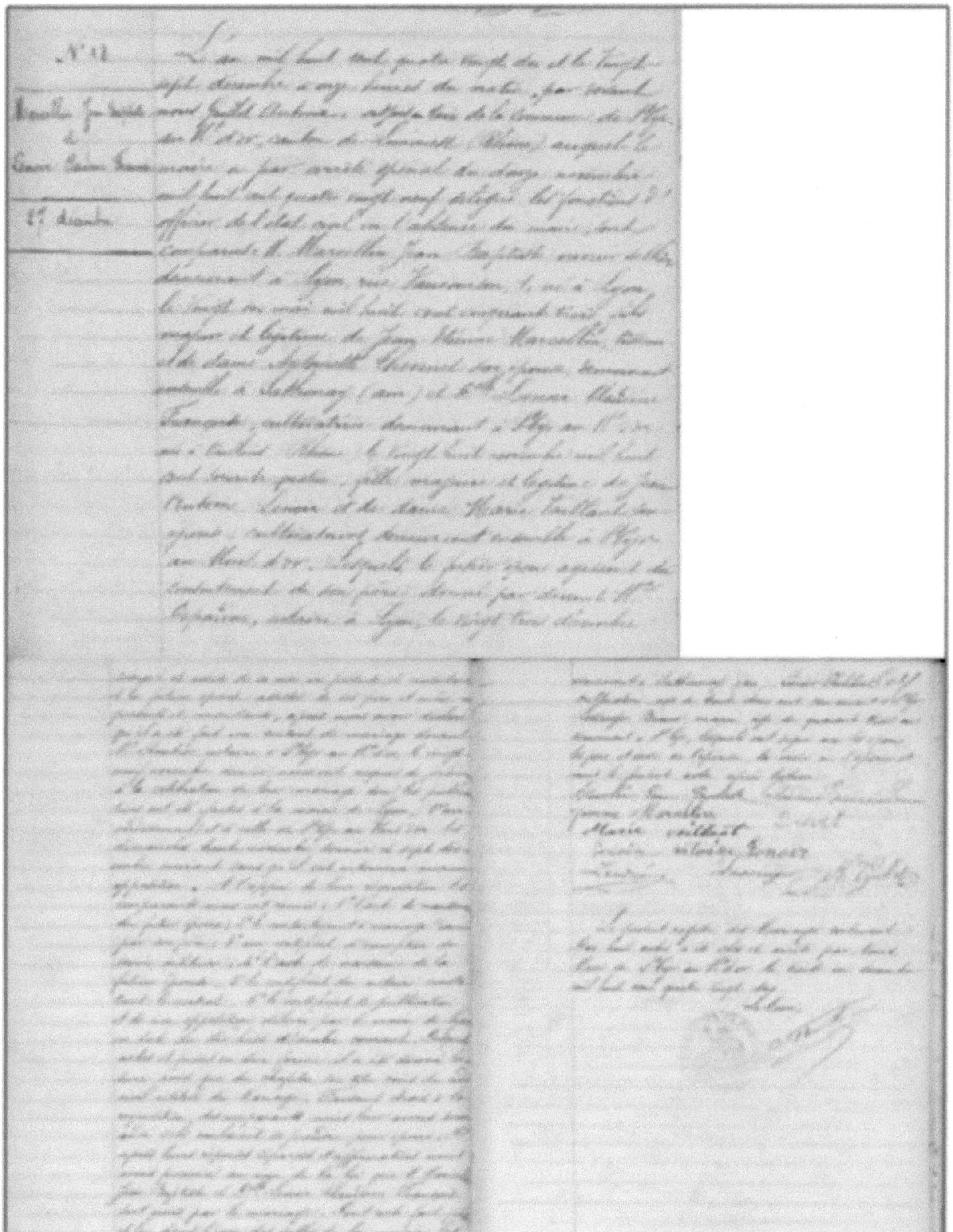

EM_LENOIR_Claudine Françoise 1864

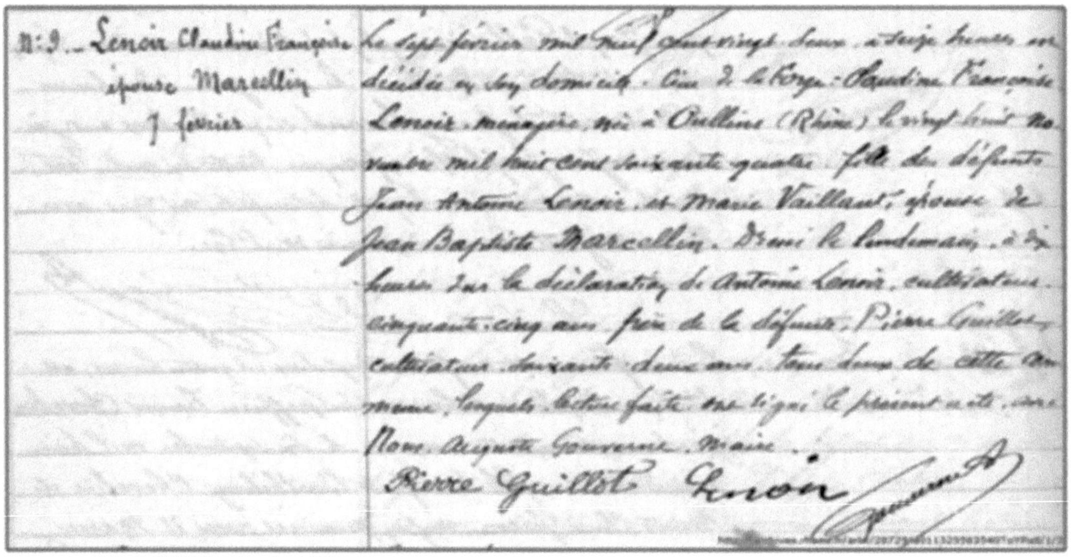
N°9. Lenoir Claudine Françoise épouse Marcellin 7 février

Le sept février mil neuf cent vingt deux, à seize heures est décédée en son domicile, Rue de la Forge : Claudine Françoise Lenoir, ménagère, née à Oullins (Rhône) le vingt huit novembre mil huit cent soixante quatre, fille des défunts Jean Antoine Lenoir, et Marie Vaillant, épouse de Jean Baptiste Marcellin. Dressé le lendemain, à dix heures sur la déclaration de Antoine Lenoir, cultivateur, cinquante cinq ans, frère de la défunte, Pierre Guillot, cultivateur, soixante deux ans, tous deux de cette commune, lesquels lecture faite ont signé le présent acte, avec Nous, Auguste Gouverne, Maire.

Pierre Guillot Lenoir

ED_LENOIR_Claudine 1864

Jean-Baptiste MARCELLIN. Il est né le 26 mai 1853 à Lyon, 69000, Rhône, Rhône-Alpes, FRANCE. Il a été sellier en 1894 à Lyon, 69000, Rhône, Rhône-Alpes, FRANCE.

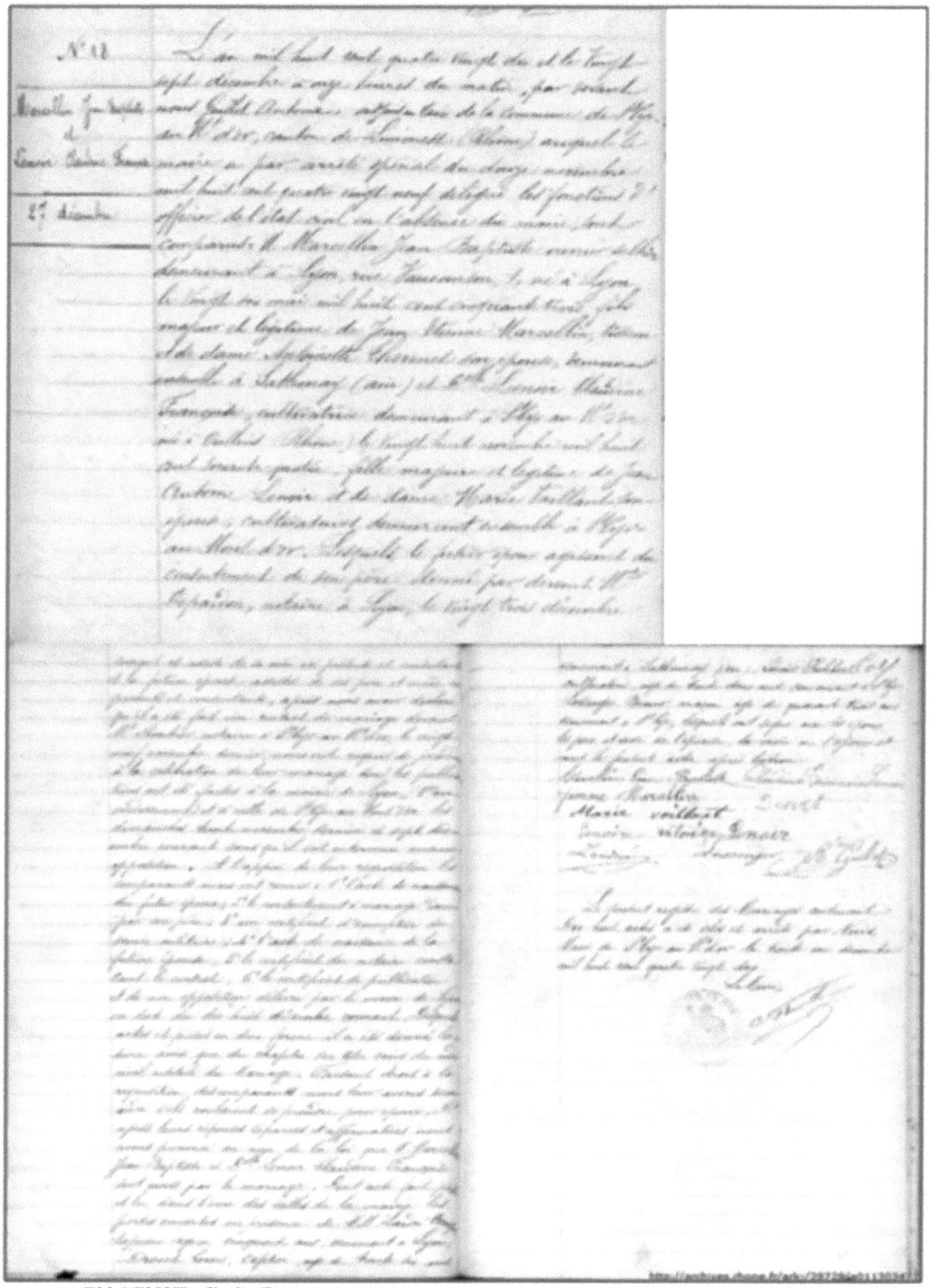

EM_LENOIR_Claudine Françoise 1864.jpg

Claudine, Françoise LENOIR et Jean-Baptiste MARCELLIN ont eu une fille (détails en page 28) :

18. I. **Antoinette MARCELLIN**.

13. **Antoine LENOIR** fils de Jean-Antoine LENOIR [9] et Marie VAILLANT.

Il est né le 14 juillet 1867 à Saint-Cyr-au-Mont-d'Or, 69450, Rhône, Rhône-Alpes, FRANCE. Note : Présents Pierre BRUNET cabaretier 43 ans, Pierre POY cultivateur 22 ans. Il s'est marié le 2 juin 1894, à l'âge de vingt-six ans, à Saint-Cyr-au-Mont-d'Or, 69450, Rhône, Rhône-Alpes, FRANCE, avec **Marie-Thérèse TOLLY**, âgée de vingt-six ans, fille de Pierre-Antoine TOLLY et Marguerite BRUN. Note : Présents TOLLY Didier 27 ans, cultivateur, TOLLY Claude 22 ans cultivateur, frères de l'épouse, MARCELLIN Jean-Baptiste sellier 36 ans, GABERT François cultivateur 27 ans. Antoine a résidé à Saint-Cyr-au-Mont-d'Or, 69450, Rhône, Rhône-Alpes, FRANCE, Canton-Charmand en 1926. Il a été jardinier à Saint-Cyr-au-Mont-d'Or, 69450, Rhône, Rhône-Alpes, FRANCE. Il est décédé le 1er juin 1933, à l'âge de 65 ans, à Saint-Cyr-au-Mont-d'Or, 69450, Rhône, Rhône-Alpes, FRANCE, Canton-Charmand.

Notes :

Recensement Population éparse 1926 6 MP 608 p. 01 N° 357
Recensement Population éparse 1931 6 MP 654 p. 08 N° 395

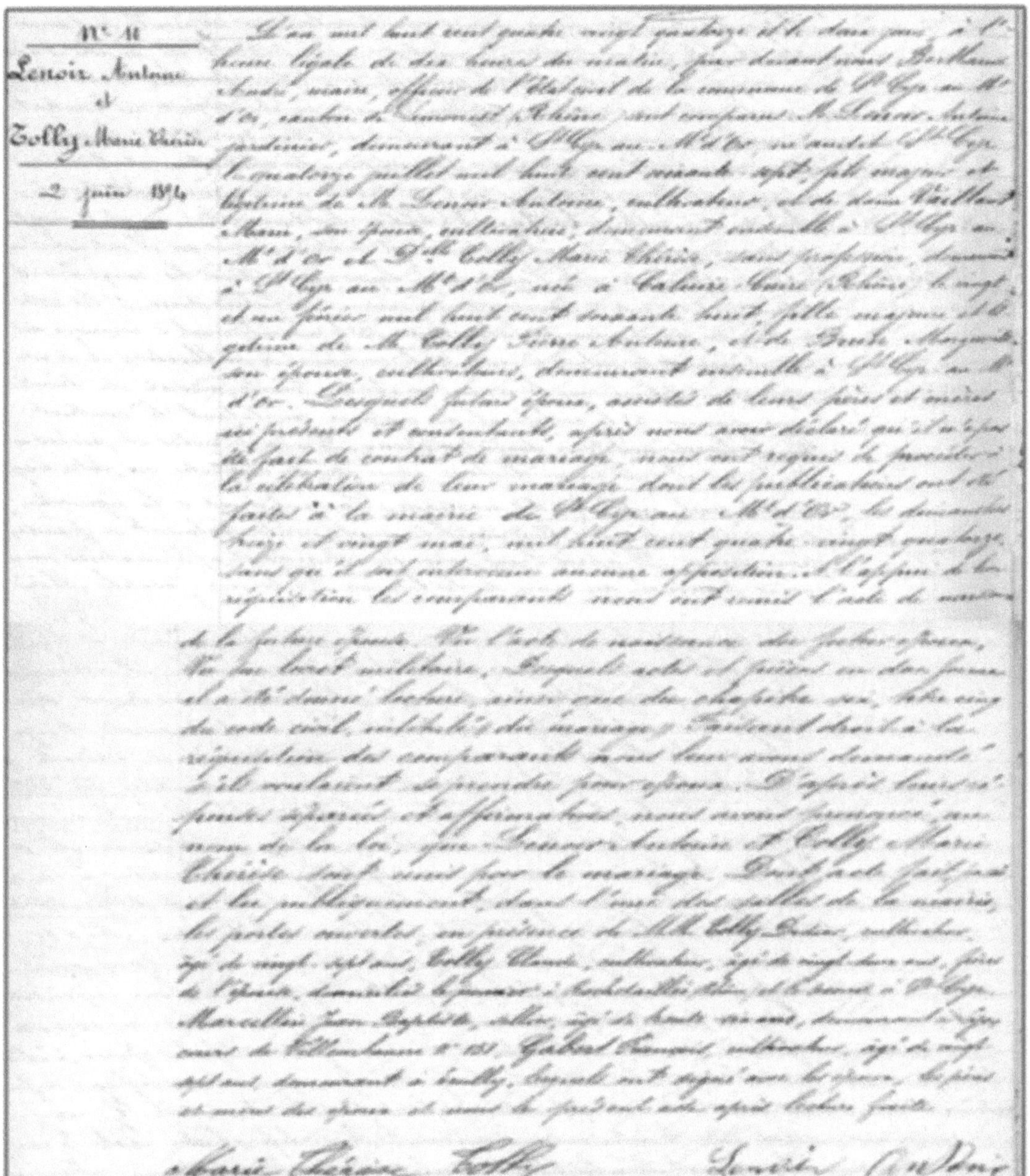

N° 11
Lenoir Antoine
et
Colly Marie Thérèse
2 juin 1894

L'an mil huit cent quatre vingt quatorze et le deux juin, à l'heure légale de dix heures du matin, par devant nous Berthaud André, maire, officier de l'état civil de la commune de St Cyr au Mt d'Or, canton de Limonest (Rhône) sont comparus M. Lenoir Antoine jardinier, demeurant à St Cyr au Mt d'Or, né audit St Cyr le quatorze juillet mil huit cent soixante sept, fils majeur et légitime de M. Lenoir Antoine, cultivateur, et de dame Vaillant Marie, son épouse, cultivatrice, demeurant ensemble à St Cyr au Mt d'Or et Dlle Colly Marie Thérèse, sans profession, demeurant à St Cyr au Mt d'Or, née à Caluire Cuire (Rhône) le vingt et un février mil huit cent soixante huit, fille majeure et légitime de M. Colly Pierre Antoine, et de Brun Marguerite son épouse, cultivateurs, demeurant ensemble à St Cyr au Mt d'Or. Lesquels futurs époux, assistés de leurs pères et mères ici présents et consentants, après nous avoir déclaré qu'il n'a pas été fait de contrat de mariage, nous ont requis de procéder à la célébration de leur mariage dont les publications ont été faites à la mairie de St Cyr au Mt d'Or, les dimanches treize et vingt mai, mil huit cent quatre vingt quatorze, sans qu'il soit intervenu aucune opposition. A l'appui de leur réquisition les comparants nous ont remis l'acte de naissance de la future épouse. Vu l'acte de naissance du futur époux, Vu son livret militaire, Lesquels actes et pièces en due forme et a été donné lecture, ainsi que du chapitre six, titre cinq du code civil, intitulé du mariage; faisant droit à la réquisition des comparants nous leur avons demandé s'ils voulaient se prendre pour époux. D'après leurs réponses séparées et affirmatives, nous avons prononcé au nom de la loi, que Lenoir Antoine et Colly Marie Thérèse sont unis par le mariage. Dont acte fait [illegible] et lu publiquement, dans l'une des salles de la mairie, les portes ouvertes, en présence de MM. Colly Didier, cultivateur, âgé de vingt sept ans, Colly Claude, cultivateur, âgé de vingt deux ans, frères de l'épouse, domiciliés le premier à Rochetaillée [illegible], et le second à St Cyr. Marcellin Jean Baptiste, [illegible], âgé de trente six ans, demeurant à [illegible] cours de Villeurbanne n° 181, Gabert François, cultivateur, âgé de vingt sept ans, demeurant à [illegible], lesquels ont signé avec les époux, les pères et mères des époux et nous le présent acte après lecture faite.

Marie Thérèse Colly — Lenoir Antoine
Colly P
M Brun — Lenoir — Marie Vaillant
Colly D — Colly Claude
Gabert François
J. B. Marcellin — Berthaud

EM_LENOIR_Antoine 1867.jpg

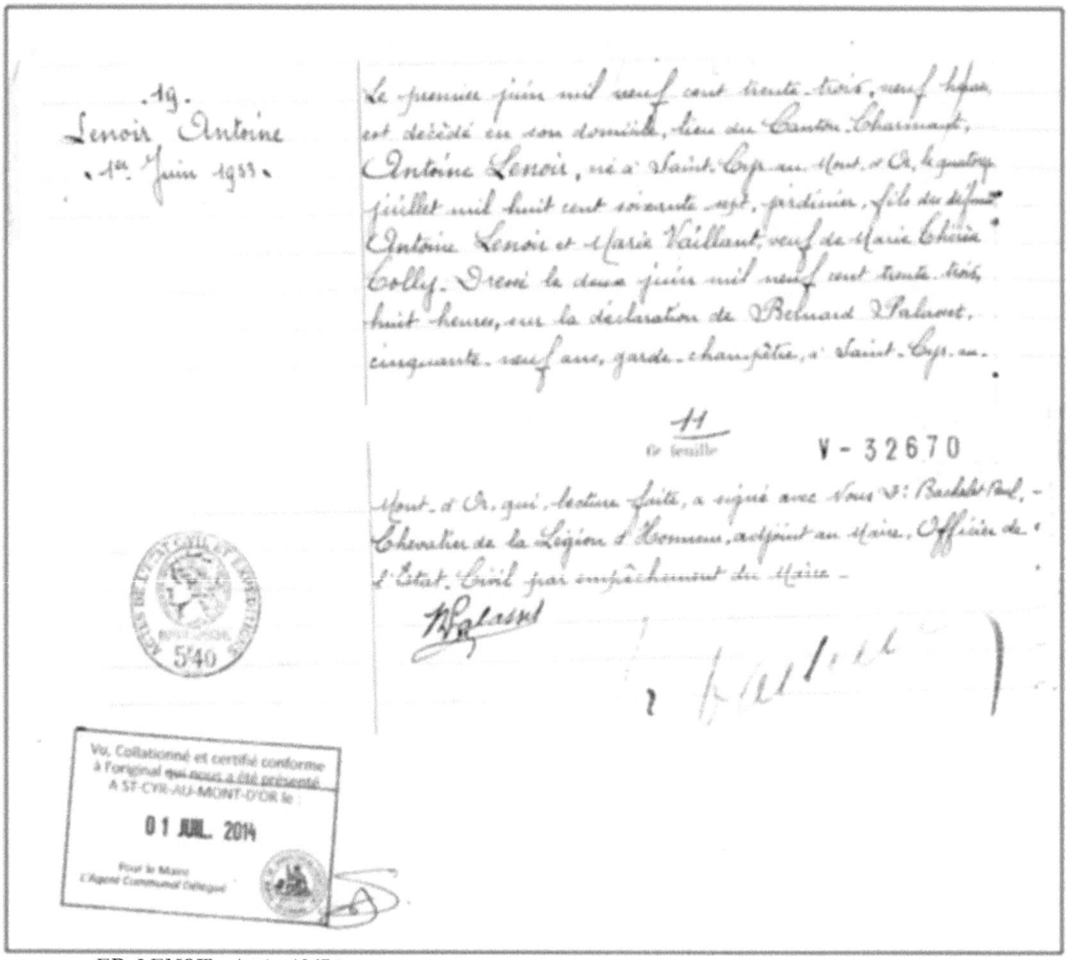

.19.
Lenoir Antoine
.1er Juin 1933.

Le premier juin mil neuf cent trente-trois, neuf heures, est décédé en son domicile, lieu du Canton Charmand, Antoine Lenoir, né à Saint-Cyr-au-Mont-d'Or, le quatorze juillet mil huit cent soixante-sept, jardinier, fils de défunts Antoine Lenoir et Marie Vaillant, veuf de Marie Thérèse Tolly. Dressé le deux juin mil neuf cent trente-trois, huit heures, sur la déclaration de Bernard Palmont, cinquante-neuf ans, garde-champêtre, à Saint-Cyr-au-

11
Ce feuille V-32670

Mont-d'Or, qui, lecture faite, a signé avec Nous, Bachelet Paul, Chevalier de la Légion d'Honneur, adjoint au Maire, Officier de l'État-Civil par empêchement du Maire.

Vu, Collationné et certifié conforme à l'original qui nous a été présenté A ST-CYR-AU-MONT-D'OR le : 01 JUIL. 2014
Pour le Maire
L'Agent Communal Délégué

5'40

ED_LENOIR_Antoine 1867.jpg

Marie-Thérèse TOLLY. Elle est née le 21 février 1868 à Caluire-et-Cuire, 69300, Rhône, Rhône-Alpes, FRANCE. Elle a été cultivatrice en 1904 à Saint-Cyr-au-Mont-d'Or, 69450, Rhône, Rhône-Alpes, FRANCE, Canton-Charmand. soit l'actuelle rue Ampère.

Elle est décédée le 16 juillet 1932, à l'âge de 64 ans, à Saint-Cyr-au-Mont-d'Or, 69450, Rhône, Rhône-Alpes, FRANCE, Canton-Charmand.

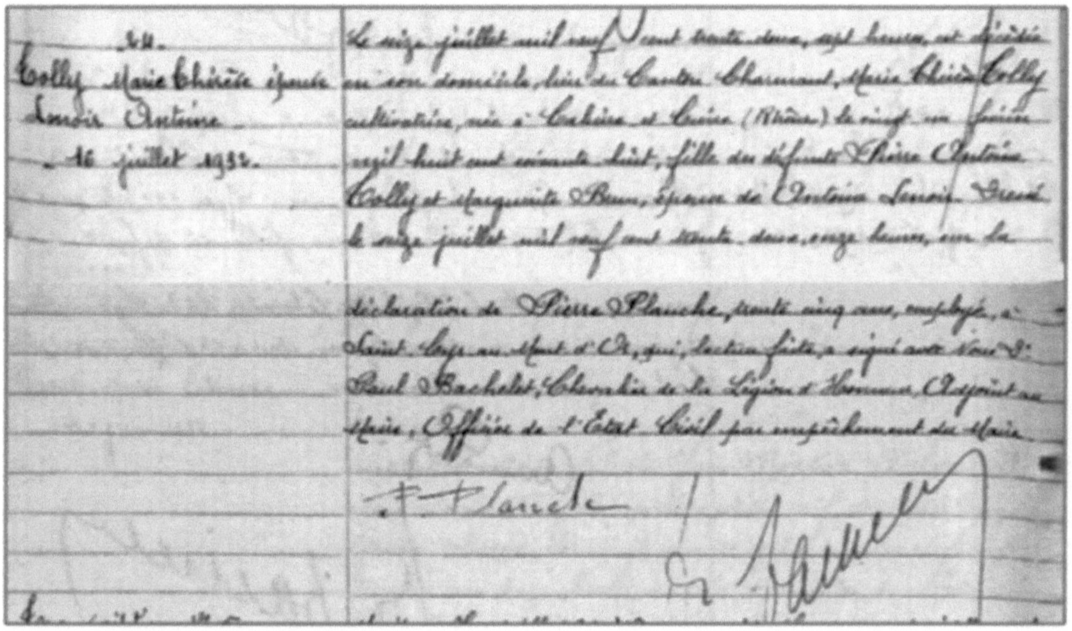

34. Tolly Marie Thérèse épouse Lenoir Antoine — 16 juillet 1932.

Le seize juillet mil neuf cent trente deux, sept heures, est décédée en son domicile, lieu dit [illegible], Marie Thérèse Tolly cultivatrice, née à [illegible] (Rhône) le vingt un février mil huit cent soixante huit, fille des défunts Pierre Antoine Tolly et Marguerite Brun, épouse de Antoine Lenoir. Dressé le seize juillet mil neuf cent trente deux, onze heures, sur la déclaration de Pierre Planche, trente cinq ans, employé, à Saint Cyr au Mont d'Or, qui, lecture faite, a signé avec Nous, Paul Bachelet, Chevalier de la Légion d'Honneur, Adjoint au Maire, Officier de l'Etat Civil par empêchement du Maire.

P. Planche

ED_TOLLY_Marie-Thérèse 1868.jpg

Antoine LENOIR et Marie-Thérèse TOLLY ont eu deux enfants (une fille et un garçon) (détails en page 50) :

19. I. **Marguerite LENOIR**.

20. II. **Jean LENOIR**.

14. **Victor LENOIR** fils de Jean-Antoine LENOIR (9) et Marie VAILLANT. Il est né le 24 octobre 1869 à Saint-Cyr-au-Mont-d'Or, 69450, Rhône, Rhône-Alpes, FRANCE. Il s'est marié le 7 décembre 1896, à l'âge de vingt-sept ans, à Mornant, 69440, Rhône, Rhône-Alpes, FRANCE, avec **Philomène CHAIZE**, âgée de vingt-quatre ans, fille de Jean, Fleury CHAIZE et Antoinette JOUBARD. Philomène est née le 17 mai 1872 à Mornant, 69440, Rhône, Rhône-Alpes, FRANCE. Elle est décédée avant le 27 mai 1943, avant l'âge de 71 ans. Victor a été tripier en 1901 à Saint-Cyr-au-Mont-d'Or, 69450, Rhône, Rhône-Alpes, FRANCE. Il a résidé à Saint-Cyr-au-Mont-d'Or, 69450, Rhône, Rhône-Alpes, FRANCE le 12 avril 1903, et y a été cultivateur.

Il a été rouennier. Note : Celui qui fabrique ou vend de la rouennerie (toile de coton fabriquée à Rouen).

Il est décédé le 27 mai 1943, à l'âge de 73 ans, à Saint-Cyr-au-Mont-d'Or, 69450, Rhône, Rhône-Alpes, FRANCE, Canton-Charmand.

Notes :

Recensement 1901 6 MP 450 Population éparse v.12
Recensement 1906 6 MP 488 Population éparse v.11

LENOIR *Victor*

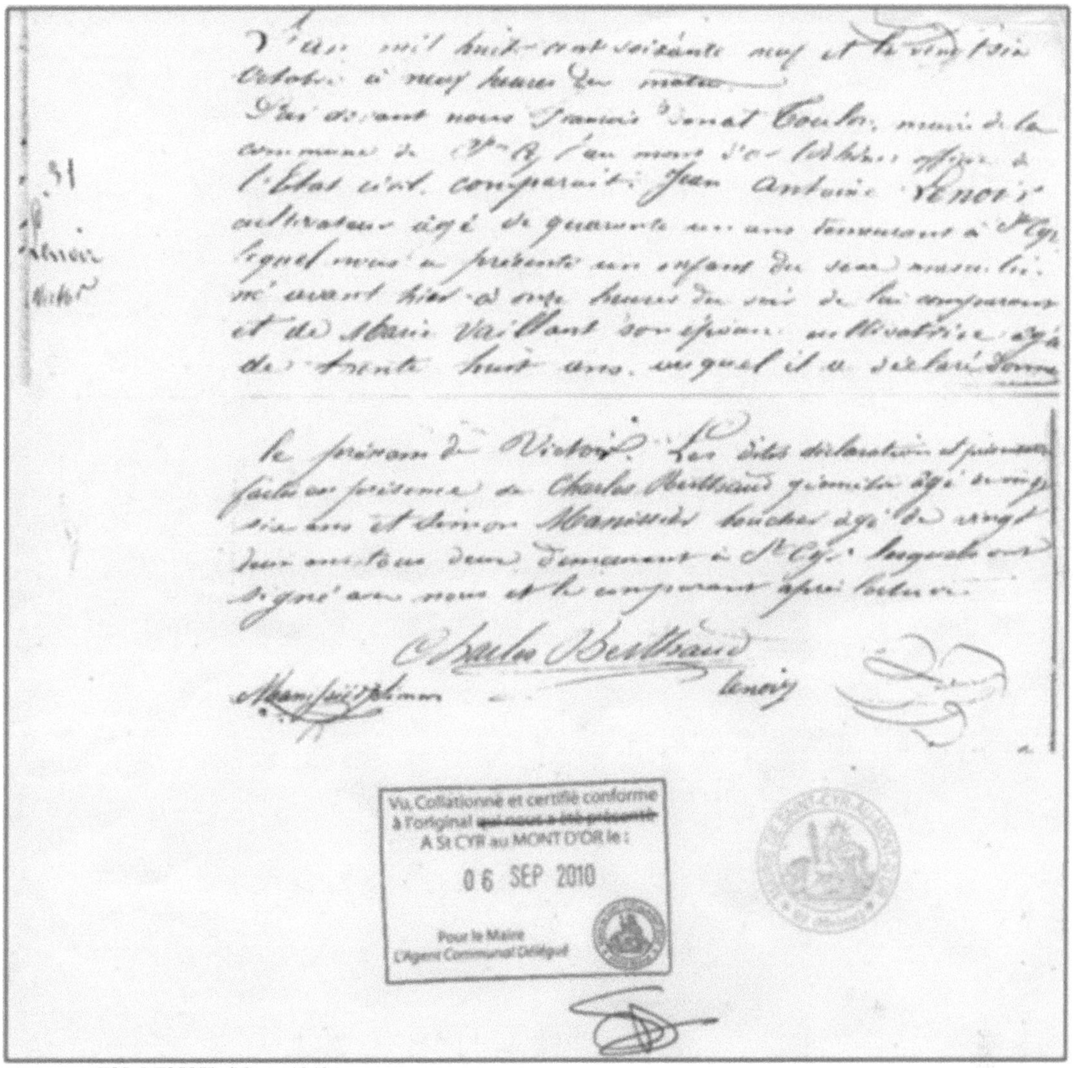

31

Lenoir Victor

L'an mil huit cent soixante neuf et le vingt six Octobre à neuf heures du matin

Par devant nous François Donat Coulon, maire de la commune de St Cyr, faisant les fonctions d'officier de l'Etat civil, comparait Jean Antoine Lenoir cultivateur âgé de quarante un ans demeurant à St Cyr lequel nous a présenté un enfant du sexe masculin né avant hier à onze heures du soir de lui comparant et de Marie Vaillant son épouse cultivatrice âgée de trente huit ans, auquel il a déclaré donner le prénom de Victor. Les dites déclaration et présentation faites en présence de Charles Berthaud jardinier âgé de vingt six ans et Simon Manissier boucher âgé de vingt deux ans tous deux demeurant à St Cyr lesquels ont signé avec nous et le comparant après lecture.

Charles Berthaud

Manissier Lenoir

Vu, Collationné et certifié conforme à l'original ~~qui nous a été présenté~~ A St CYR au MONT D'OR le : 06 SEP 2010

Pour le Maire L'Agent Communal Délégué

EN_LENOIR_Victor_1869.jpg

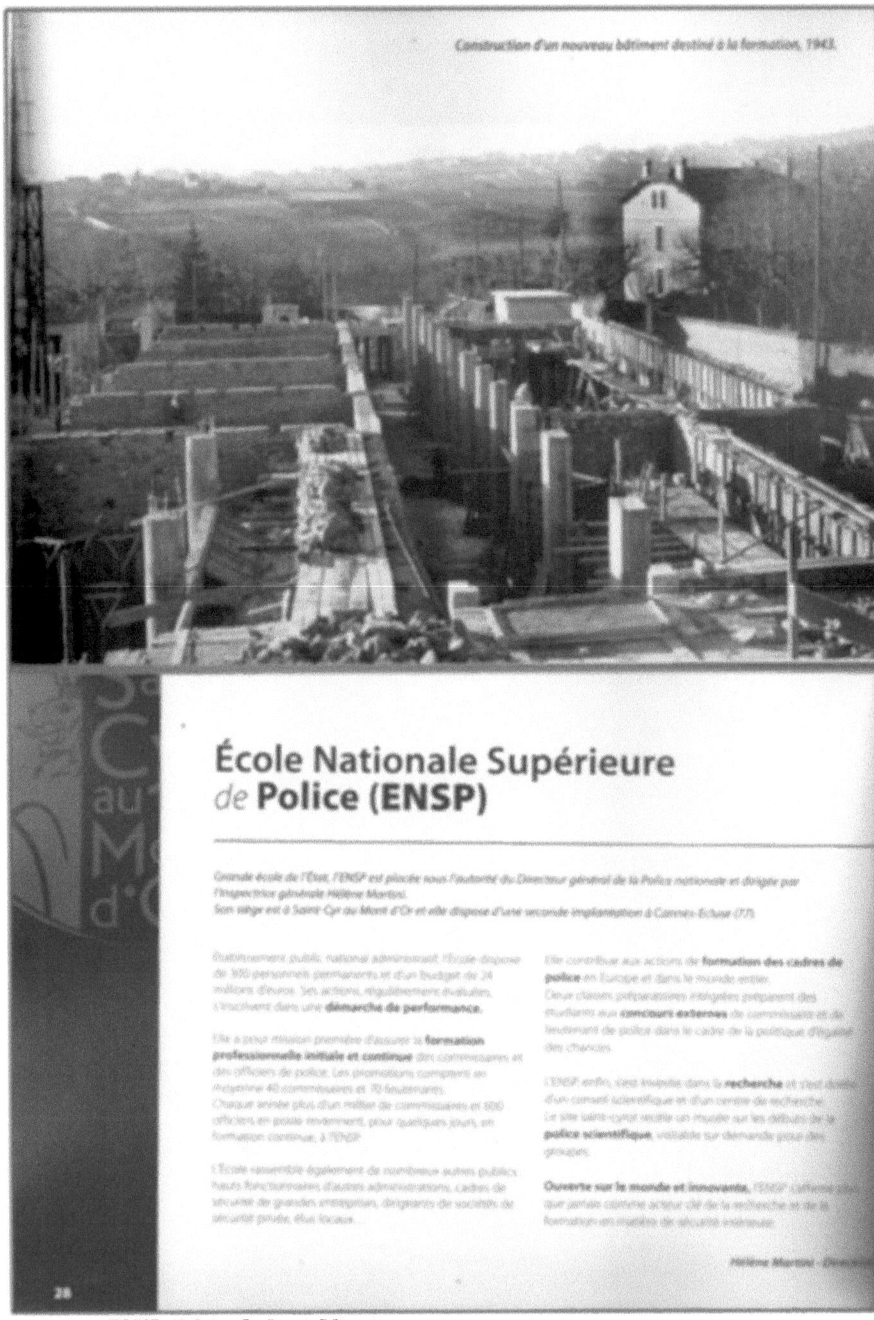

ENSP 69 Saint-Cyr Lenoir Victor.jpg

L'ENSP a été créée par la législation de l'État français du 23 avril 1941 et maintenue par le gouvernement provisoire de la république.

Promotions issues de l'école nationale supérieure de la Police :

Promotions formées durant le Régime de Vichy

- 1941 - 1re promotion : Pétain
- 1942 - 2e promotion : Jean Chiappe
- 1943 - 3e promotion : Gaston Carrère

Victor à vu construire cette école de Police

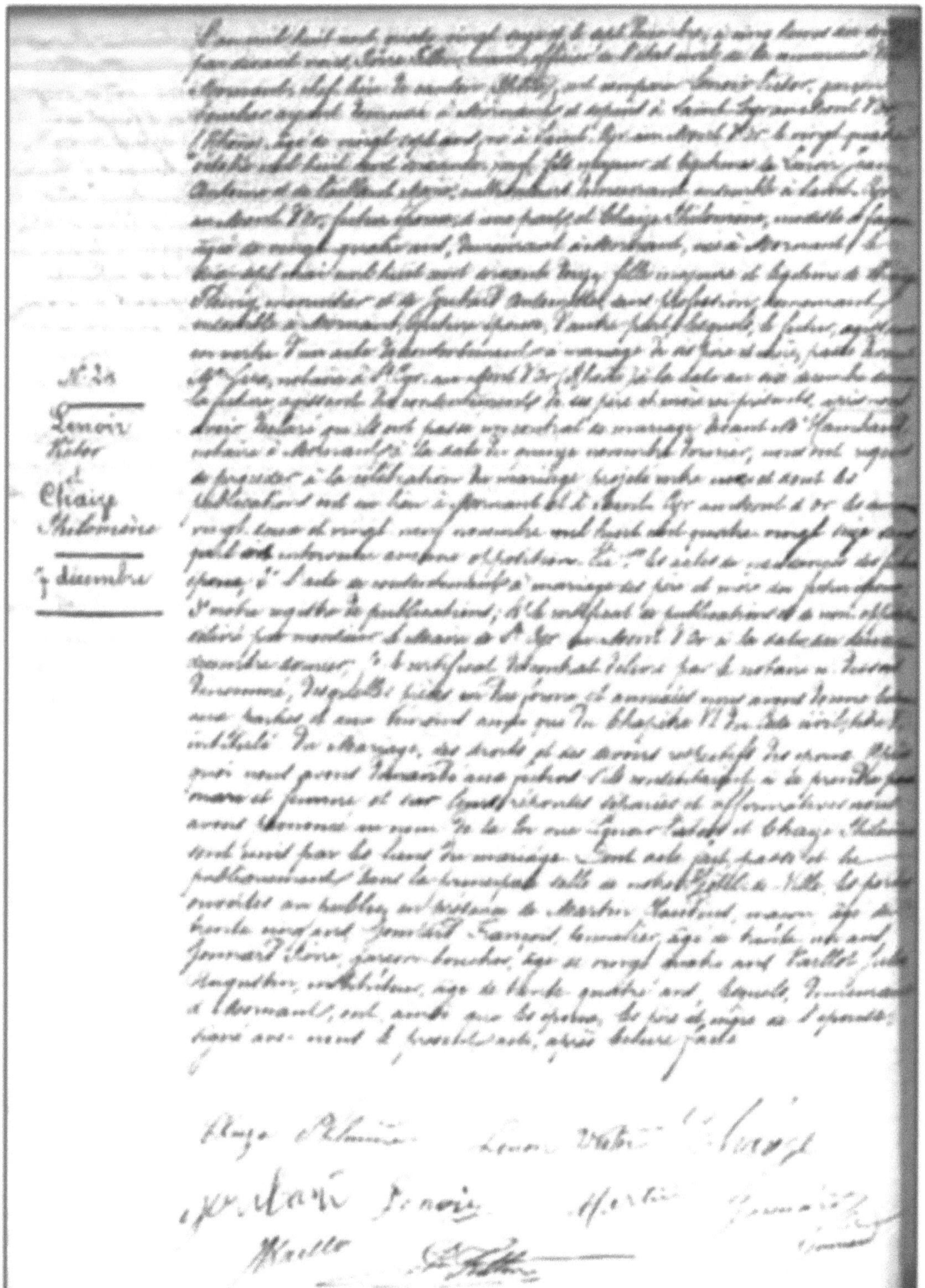
N° 28
Lenoir Victor et Chaize Philomène
7 décembre

EM_LENOIR_Victor 1869.jpg

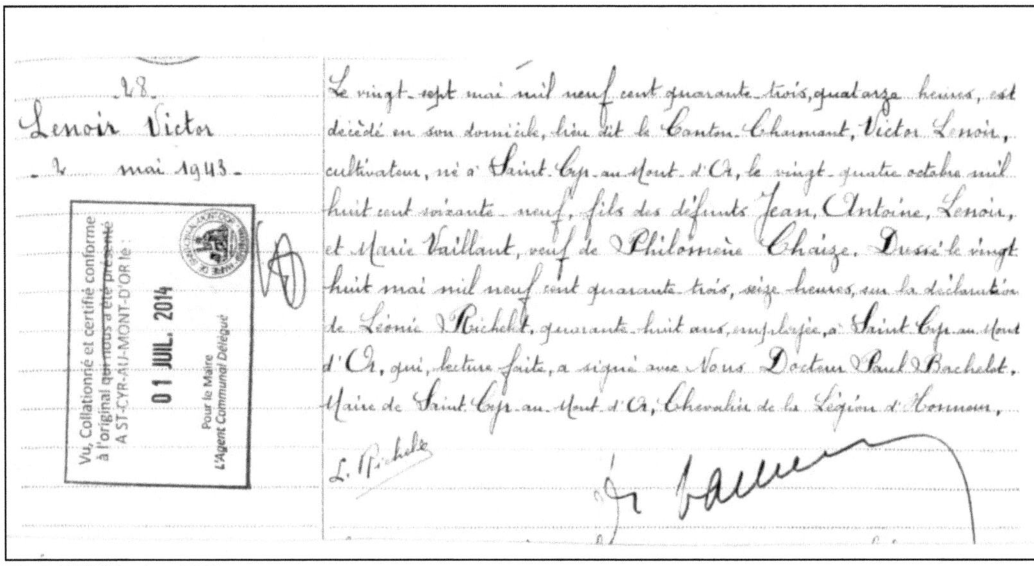

28.
Lenoir Victor
– 27 mai 1943 –

Vu, Collationné et certifié conforme à l'original qui nous a été présenté A ST-CYR-AU-MONT-D'OR le : 01 JUIL. 2014
Pour le Maire
L'Agent Communal Délégué

Le vingt-sept mai mil neuf cent quarante-trois, quatorze heures, est décédé en son domicile, lieu dit le Canton-Charmant, Victor Lenoir, cultivateur, né à Saint-Cyr-au-Mont-d'Or, le vingt-quatre octobre mil huit cent soixante-neuf, fils des défunts Jean, Antoine, Lenoir, et Marie Vaillant, veuf de Philomène Chaize. Dressé le vingt-huit mai mil neuf cent quarante-trois, seize heures, sur la déclaration de Léonie Richelet, quarante-huit ans, employée, à Saint-Cyr-au-Mont-d'Or, qui, lecture faite, a signé avec Nous, Docteur Paul Bachelet, Maire de Saint-Cyr-au-Mont-d'Or, Chevalier de la Légion d'Honneur.

L. Richelet

ED_LENOIR_victor 1869.jpg

CHAIZE Philomène.jpg

Victor LENOIR et Philomène CHAIZE ont eu deux garçons (détails en page 56) :

21. I. **Antoine LENOIR.**

22. II. **Claudius LENOIR.**

15. **Marguerite LENOIR** fille de Jean-Antoine LENOIR (9) et Marie VAILLANT. Elle est née le 27 août 1872 à Lyon 2e Arrondissement, 69002, Rhône, Rhône-Alpes, FRANCE. Elle a signé un contrat de mariage le 3 mai 1902, à l'âge de vingt-neuf ans, à Saint-Cyr-au-Mont-d'Or, 69450, Rhône, Rhône-Alpes, FRANCE, avec **Jean-Louis CHENELAT**, âgé de vingt-sept ans, fils de Jacques CHENELAT et Marie, Aimée VIGNAT. Jean-Louis est né le 30 août 1874 à Saint-Cyr-au-Mont-d'Or, 69450, Rhône, Rhône-Alpes, FRANCE. Jean-Louis et Marguerite se sont mariés le 14 mai 1902 à Saint-Cyr-au-Mont-d'Or, 69450, Rhône, Rhône-Alpes, FRANCE. Marguerite a résidé à Saint-Cyr-au-Mont-d'Or, 69450, Rhône, Rhône-Alpes, FRANCE, Canton-Charmand en 1936, et y a été cultivatrice. Note : Recensement 1936 6 MP 703 Population éparse p.06.

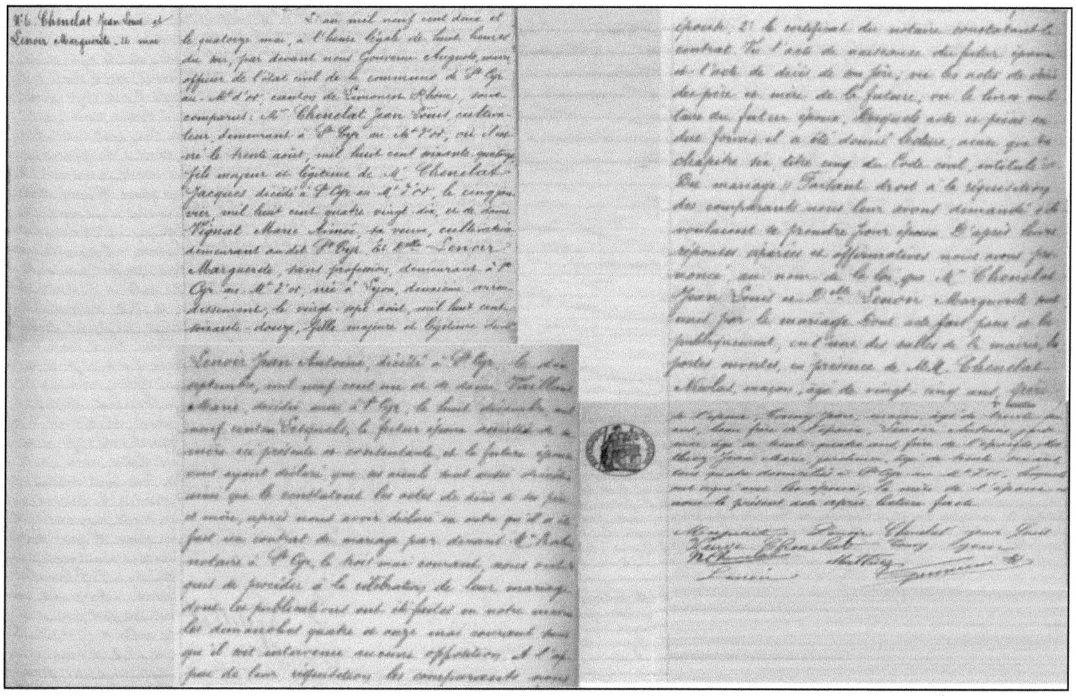

EM_LENOIR_Marguerite 1872.jpg

16. **Joséphine, Madeleine LENOIR** fille de Jean-Antoine LENOIR (9) et Marie VAILLANT. Elle est née le 8 mars 1875 à Saint-Cyr-au-Mont-d'Or, 69450, Rhône, Rhône-Alpes, FRANCE. Elle s'est mariée le 17 mars 1898, à l'âge de vingt-trois ans, à Saint-Cyr-au-Mont-d'Or, 69450, Rhône, Rhône-Alpes, FRANCE, avec **Jean-Marie CAVARD**, âgé de vingt-cinq ans, fils d'Aimé, Benoît CAVARD et Catherine MINJARD. Ensuite, Joséphine, Madeleine s'est remariée le 23 octobre 1913, à l'âge de 38 ans, à Villeurbanne, 69100, Rhône, Rhône-Alpes, FRANCE, avec **Joseph, Auguste, Ernest COMBIER**.

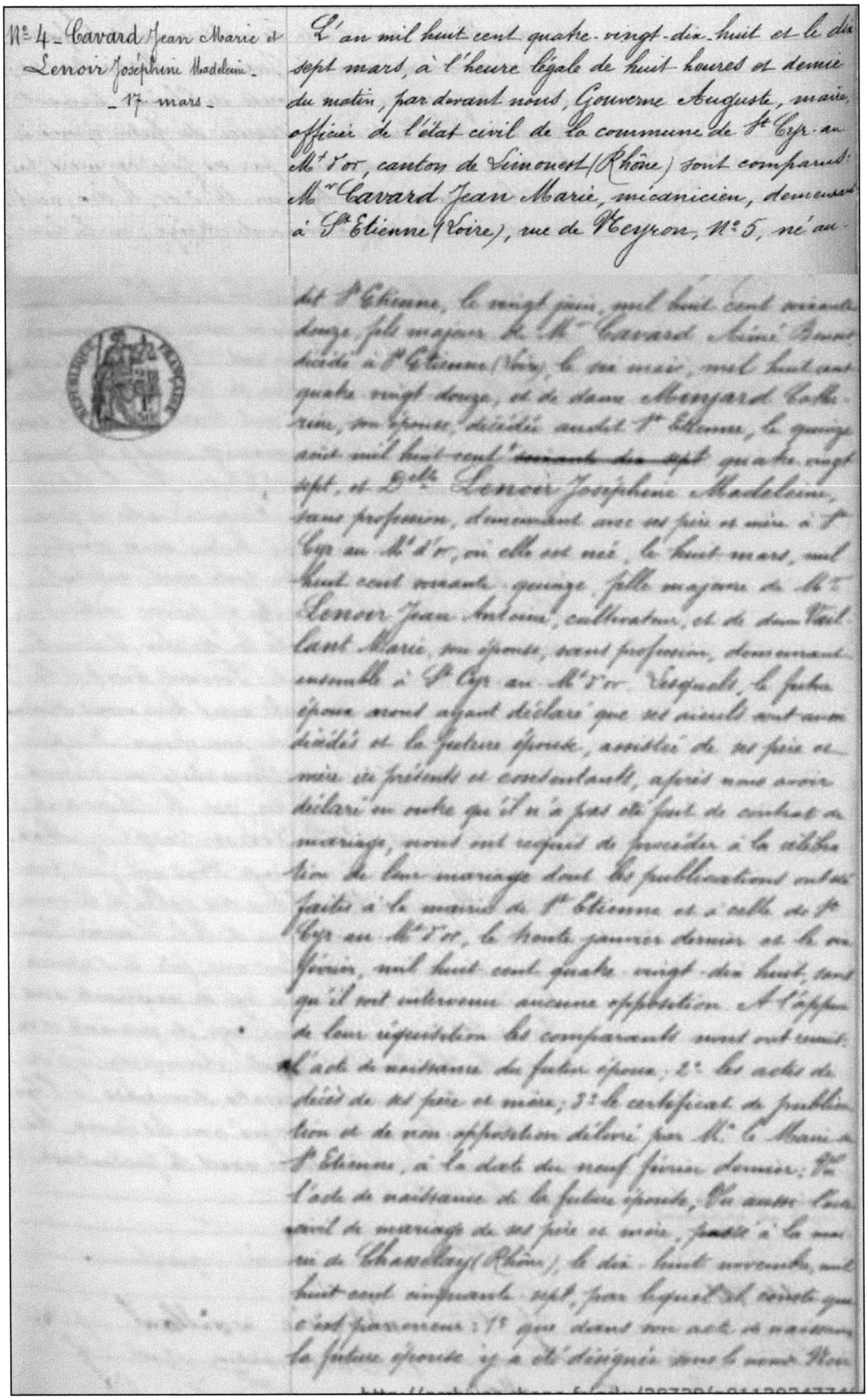

N° 4 _ Cavard Jean Marie et Lenoir Joséphine Madeleine _ 17 mars _

L'an mil huit cent quatre-vingt-dix-huit et le dix sept mars, à l'heure légale de huit heures et demie du matin, par devant nous, Gouverne Auguste, maire, officier de l'état civil de la commune de St Cyr au Mt d'or, canton de Limonest (Rhône) sont comparus: Mr Cavard Jean Marie, mécanicien, demeurant à St Etienne (Loire), rue de Meyron, N° 5, né audit St Etienne, le vingt juin, mil huit cent soixante douze, fils majeur de Mr Cavard Aimé Benoît décédé à St Etienne (Loire), le six mai, mil huit cent quatre vingt douze, et de dame Monjard Catherine, son épouse, décédée audit St Etienne, le quinze août mil huit cent ~~soixante dix sept~~ quatre vingt sept, et Dlle Lenoir Joséphine Madeleine, sans profession, demeurant avec ses père et mère à St Cyr au Mt d'or, où elle est née, le huit mars, mil huit cent soixante quinze, fille majeure de Mr Lenoir Jean Antoine, cultivateur, et de dame Vaillant Marie, son épouse, sans profession, demeurant ensemble à St Cyr au Mt d'or. Lesquels, le futur époux ayant déclaré que ses aïeuls sont aussi décédés et la future épouse, assistée de ses père et mère ici présents et consentants, après nous avoir déclaré en outre qu'il n'a pas été fait de contrat de mariage, nous ont requis de procéder à la célébration de leur mariage dont les publications ont été faites à la mairie de St Etienne et à celle de St Cyr au Mt d'or, le trente janvier dernier et le six février, mil huit cent quatre vingt dix huit, sans qu'il soit intervenu aucune opposition. A l'appui de leur réquisition les comparants nous ont remis: 1° l'acte de naissance du futur époux; 2° les actes de décès de ses père et mère; 3° le certificat de publication et de non opposition délivré par Mr le Maire de St Etienne, à la date du neuf février dernier; 4° l'acte de naissance de la future épouse; 5° un extrait de l'acte civil de mariage de ses père et mère, passé à la mairie de Chasselay (Rhône), le dix-huit novembre, mil huit cent cinquante sept, par lequel il conste que c'est par erreur: 1° que dans son acte de naissance la future épouse y a été désignée sous le nom Noir

EM_LENOIR_Joséphine, Madeleine 1875.jpg

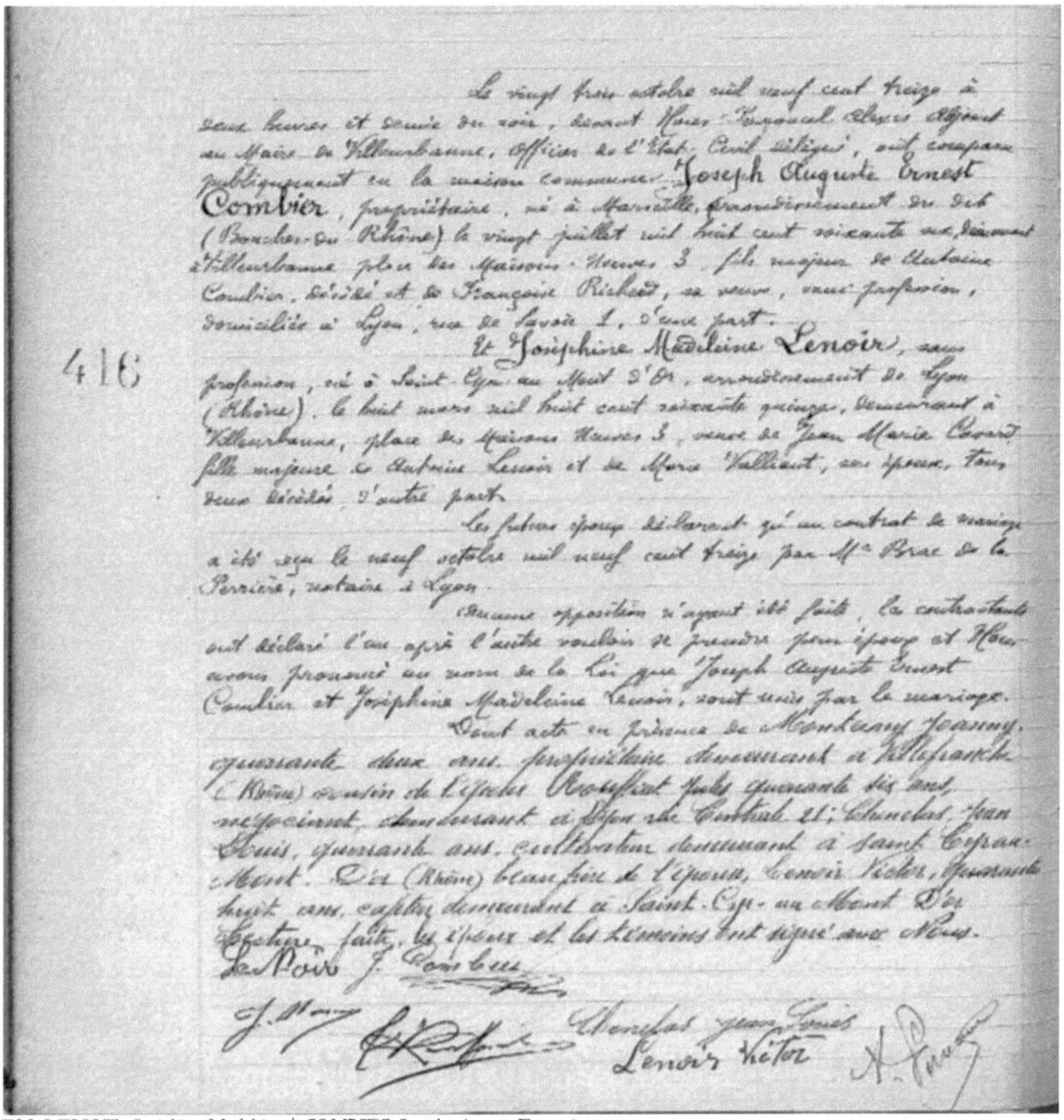

Le vingt trois octobre mil neuf cent treize à deux heures et demie du soir, devant Nous [illegible] Adjoint au Maire de Villeurbanne, Officier de l'État Civil délégué, ont comparu publiquement en la maison commune Joseph Auguste Ernest Combier, propriétaire, né à Marseille, arrondissement du dit (Bouches-du-Rhône) le vingt juillet mil huit cent soixante [illegible], demeurant à Villeurbanne place des Maisons Neuves 3, fils majeur de Antoine Combier, décédé et de Françoise Richard, sa veuve, sans profession, domiciliée à Lyon, rue de Savoie 1, d'une part.

416 Et Joséphine Madeleine Lenoir, sans profession, née à Saint Cyr au Mont d'Or, arrondissement de Lyon (Rhône), le huit mars mil huit cent soixante quinze, demeurant à Villeurbanne, place des Maisons Neuves 3, veuve de Jean Marie [illegible], fille majeure de Antoine Lenoir et de Marie Valliant, ses époux, tous deux décédés, d'autre part.

Les futurs époux déclarent qu'un contrat de mariage a été reçu le neuf octobre mil neuf cent treize par Mᵉ Brac de la Perrière, notaire à Lyon.

Aucune opposition n'ayant été faite, les contractants ont déclaré l'un après l'autre vouloir se prendre pour époux et Nous avons prononcé au nom de la Loi que Joseph Auguste Ernest Combier et Joséphine Madeleine Lenoir, sont unis par le mariage.

Dont acte en présence de Montanay Joanny, quarante deux ans, propriétaire demeurant à Villefranche (Rhône) cousin de l'époux, Rouffiat Jules quarante six ans, négociant, demeurant à Lyon rue Centrale 21; Chenelat Jean Louis, quarante ans, cultivateur demeurant à Saint Cyr au Mont d'Or (Rhône) beau-frère de l'épouse, Lenoir Victor, quarante huit ans, capitaine demeurant à Saint Cyr au Mont d'Or. Lecture faite, les époux et les témoins ont signé avec Nous.

Lenoir J. Combier

Chenelat Jean Louis Lenoir Victor

EM_LENOIR_*Joséphine, Madeleine* / COMBIER *Joseph, Auguste Ernest.jpg*

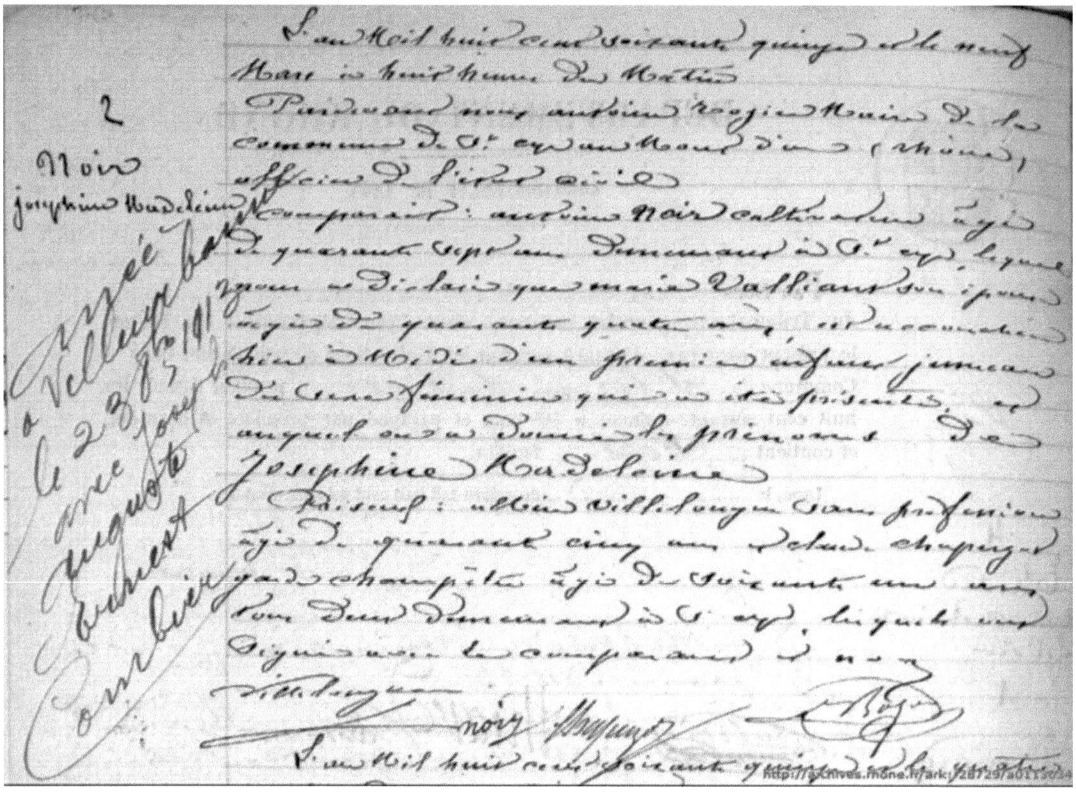

ED_LENOIR_Joséphine, Madeleine 1875.jpg

Joséphine, Madeleine LENOIR a eu un garçon (détails en page 612) :

23. I. **Claude LENOIR**.

Jean-Marie CAVARD. Il est né le 20 juin 1872 à Saint-Étienne, 42000, Loire, Rhône-Alpes, FRANCE. Il a été mécanicien en 1898 à Saint-Étienne, 42000, Loire, Rhône-Alpes, FRANCE.

Génération 6

17. **Jean-Antoine LENOIR** Fils de Joséphine LENOIR (11). Il est né le 4 mars 1886 à Lyon 2e Arrondissement, 69002, Rhône, Rhône-Alpes, FRANCE. Il est décédé le 19 mars 1960, à l'âge de 74 ans, à Privas, 07000, Ardèche, Rhône-Alpes, FRANCE.

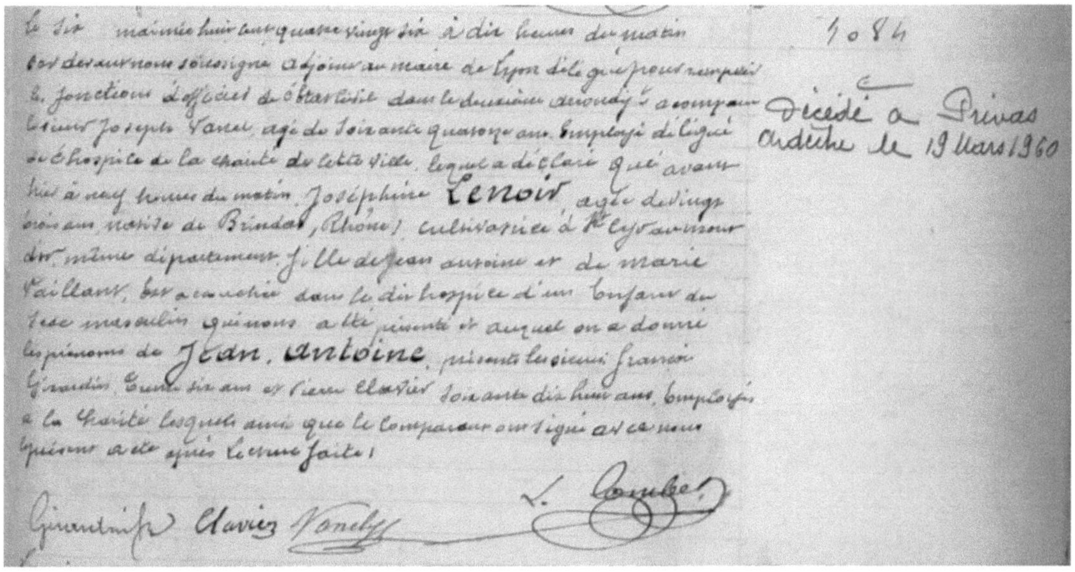
Le six mars mil huit cent quatre vingt six à dix heures du matin
Par devant nous soussigné adjoint au maire de Lyon délégué pour remplir
les fonctions d'officier de l'état civil dans le deuxième arrondissement a comparu
le sieur Joseph Vanel, âgé de soixante quatorze ans, employé de ligne
de l'hospice de la charité de cette ville, lequel a déclaré que avant
hier à neuf heures du matin Joséphine Lenoir, âgée de vingt
trois ans, native de Brindas (Rhône), cultivatrice à St Cyr au Mont
d'Or, même département, fille de Jean Antoine et de Marie
Vaillant, est accouchée dans le dit hospice d'un enfant du
sexe masculin qui nous a été présenté et auquel on a donné
les prénoms de Jean, Antoine, présents les sieurs François
Girardin, trente six ans et Pierre Clavier soixante dix huit ans, employés
à la Charité lesquels ainsi que le comparant ont signé avec nous
après lecture faite.

Girardin Clavier Vanel [illegible]

1084

Décédé à Privas Ardèche le 19 Mars 1960

EN_Jean-Antoine LENOIR 1886

18. **Antoinette MARCELLIN** fille de Jean-Baptiste MARCELLIN et Claudine, Françoise LENOIR (12). Elle est née le 28 août 1892 à Lyon 1er Arrondissement, 69001, Rhône, Rhône-Alpes, FRANCE. Elle a été Tailleuse d'habits.

Elle est décédée le 31 mai 1912, à l'âge de dix-neuf ans, à Saint-Cyr-au-Mont-d'Or, 69450, Rhône, Rhône-Alpes, FRANCE, La Forge.

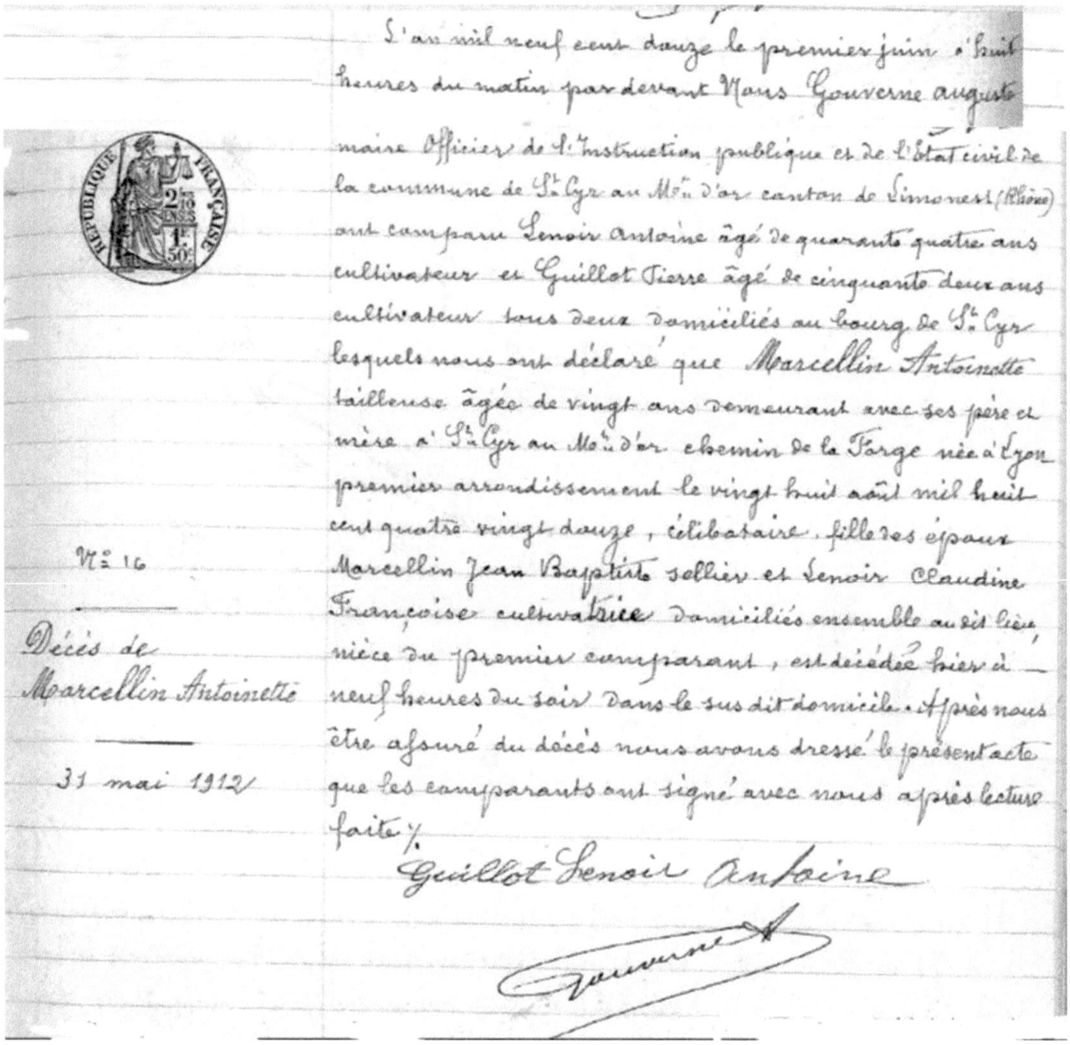
N° 16

Décès de Marcellin Antoinette

31 mai 1912

L'an mil neuf cent douze le premier juin à huit heures du matin par devant Nous Gouverne auguste maire Officier de l'Instruction publique et de l'Etat civil de la commune de St Cyr au Mt d'or canton de Limonest (Rhône) ont comparu Lenoir Antoine âgé de quarante quatre ans cultivateur et Guillot Pierre âgé de cinquante deux ans cultivateur tous deux domiciliés au bourg de St Cyr lesquels nous ont déclaré que Marcellin Antoinette tailleuse âgée de vingt ans demeurant avec ses père et mère à St Cyr au Mt d'or chemin de la Forge née à Lyon premier arrondissement le vingt huit août mil huit cent quatre vingt douze, célibataire, fille des époux Marcellin Jean Baptiste sellier et Lenoir Claudine Françoise cultivatrice domiciliés ensemble au dit lieu, nièce du premier comparant, est décédée hier à neuf heures du soir dans le sus dit domicile. Après nous être assuré du décès nous avons dressé le présent acte que les comparants ont signé avec nous après lecture faite.

Guillot Lenoir Antoine

Gouverne A

ED_MARCELLIN_Antoinette 1892

19. **Marguerite LENOIR** fille d'Antoine LENOIR (13) et Marie-Thérèse TOLLY
Elle est née le 28 août 1895 à Saint-Cyr-au-Mont-d'Or, 69450, Rhône, Rhône-Alpes, FRANCE, La Forge. Elle est décédée le 21 mai 1912, à l'âge de seize ans, à Saint-Cyr-au-Mont-d'Or, 69450, Rhône, Rhône-Alpes, FRANCE, La Forge.

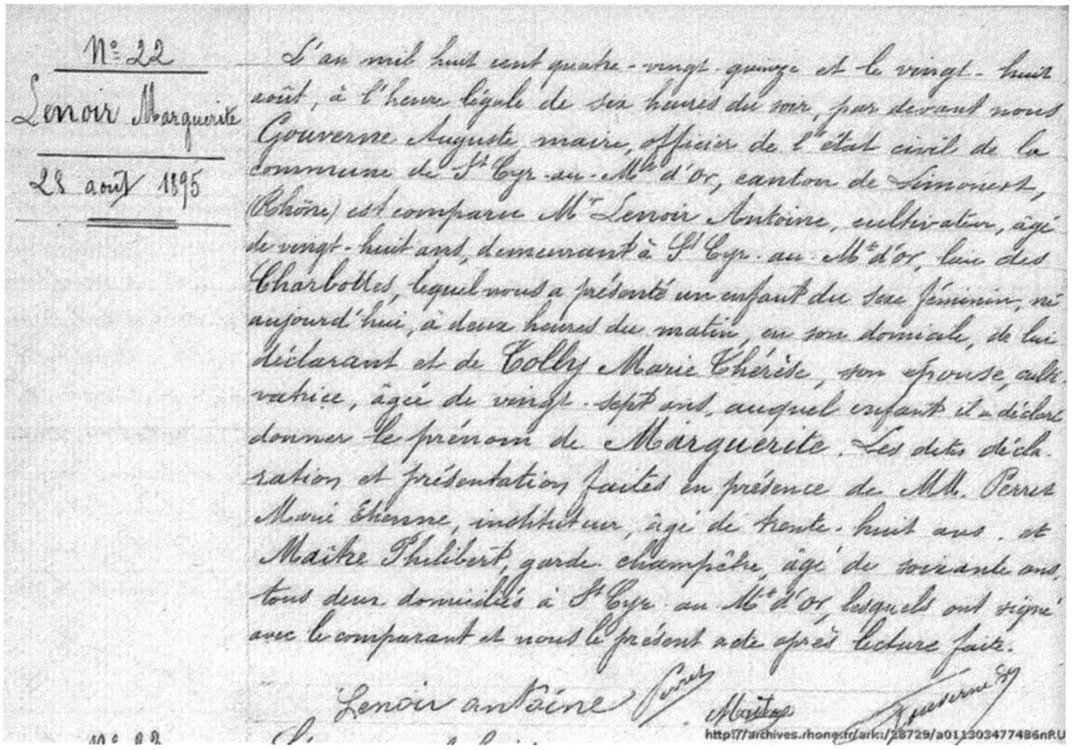

N° 22

Lenoir Marguerite

28 août 1895

L'an mil huit cent quatre-vingt-quinze et le vingt-huit août, à l'heure légale de six heures du soir, par devant nous Gouverne Auguste maire, officier de l'état civil de la commune de St Cyr-au-Mt d'Or, canton de Limonest, (Rhône) est comparu Mr Lenoir Antoine, cultivateur, âgé de vingt-huit ans, demeurant à St Cyr-au-Mt d'Or, lieu des Charbottes, lequel nous a présenté un enfant du sexe féminin, né aujourd'hui, à deux heures du matin, en son domicile, de lui déclarant et de Colly Marie Thérèse, son épouse, cultivatrice, âgée de vingt-sept ans, auquel enfant il a déclaré donner le prénom de Marguerite. Les dites déclaration et présentation faites en présence de MM. Perret Marie Etienne, instituteur, âgé de trente-huit ans, et Maître Philibert, garde champêtre, âgé de soixante ans, tous deux domiciliés à St Cyr-au-Mt d'Or, lesquels ont signé avec le comparant et nous le présent acte après lecture faite.

Lenoir antoine Perret Maître Gouverne

http://archives.rhone.fr/ark:/28729/a011303477486nRU

EN_LENOIR_Marguerite 1895

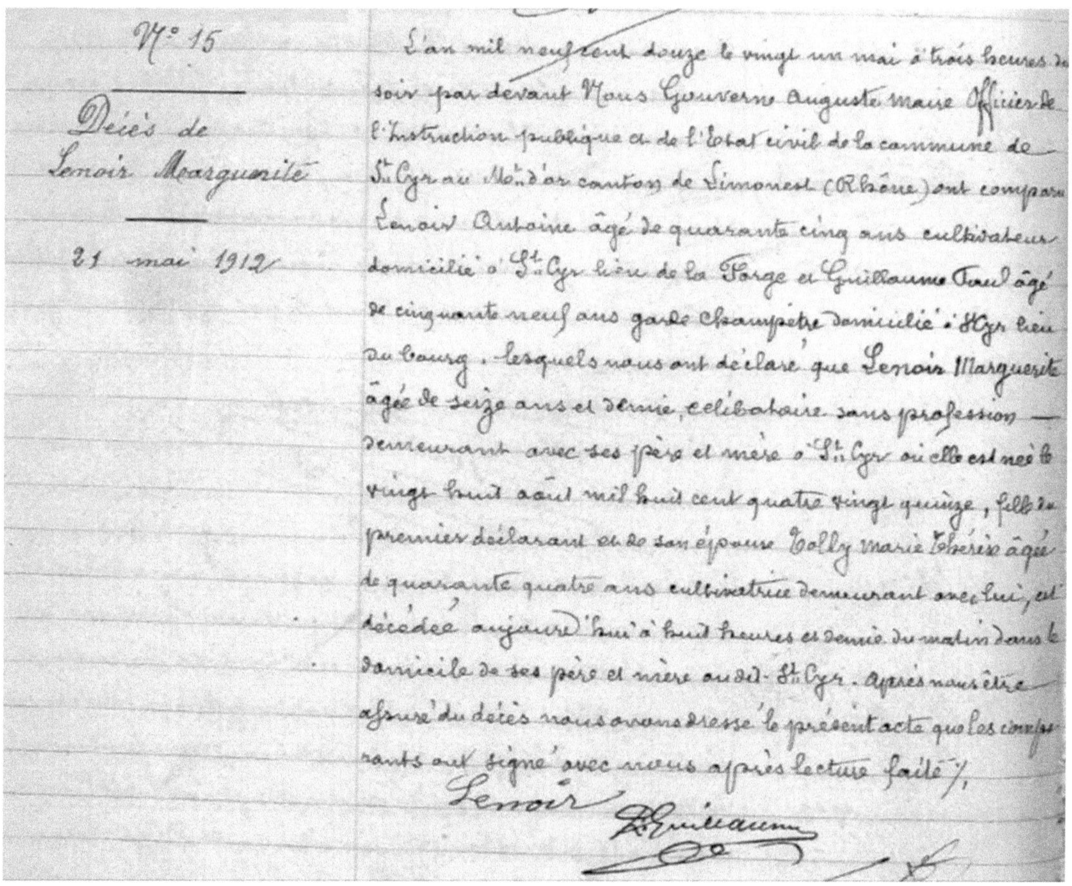

N° 15

Décès de Lenoir Marguerite

21 mai 1912

L'an mil neuf cent douze le vingt un mai à trois heures du soir par devant Nous Gouverne Auguste Maire Officier de l'Instruction publique et de l'Etat civil de la commune de St Cyr au Mont d'or canton de Limonest (Rhône) ont comparu Lenoir Antoine âgé de quarante cinq ans cultivateur domicilié à St Cyr lieu de la Forge et Guillaume Paul âgé de cinquante neuf ans garde champêtre domicilié à St Cyr lieu du bourg, lesquels nous ont déclaré que Lenoir Marguerite âgée de seize ans et demie, célibataire sans profession demeurant avec ses père et mère à St Cyr où elle est née le vingt huit août mil huit cent quatre vingt quinze, fille du premier déclarant et de son épouse Colly Marie Thérèse âgée de quarante quatre ans cultivatrice demeurant avec lui, est décédée aujourd'hui à huit heures et demie du matin dans le domicile de ses père et mère au dit St Cyr. Après nous être assuré du décès nous avons dressé le présent acte que les comparants ont signé avec nous après lecture faite.

Lenoir Guillaume

ED_LENOIR_Marguerite 1895

20. **Jean LENOIR** fils d'Antoine LENOIR (13) et Marie-Thérèse TOLLY. Il est né le 11 mars 1904 à Saint-Cyr-au-Mont-d'Or, 69450, Rhône, Rhône-Alpes, FRANCE, Canton-Charmand. Il est décédé le 30 mars 1925, à l'âge de vingt et un ans, à Saint-Cyr-au-Mont-d'Or, 69450, Rhône, Rhône-Alpes, FRANCE, Canton-Charmand.

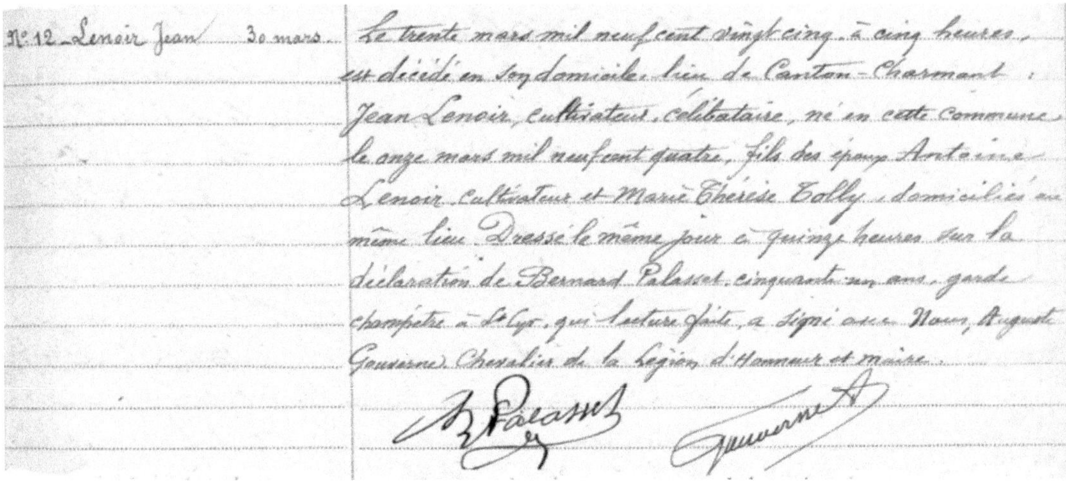
N° 12 Lenoir Jean 30 mars

Le trente mars mil neuf cent vingt cinq à cinq heures,
est décédé en son domicile lieu de Canton-Charmant :
Jean Lenoir, cultivateur, célibataire, né en cette commune
le onze mars mil neuf cent quatre, fils des époux Antoine
Lenoir cultivateur et Marie Thérèse Tolly, domiciliés au
même lieu. Dressé le même jour à quinze heures sur la
déclaration de Bernard Palasset, cinquante [illegible] ans, garde
champêtre à St Cyr, qui lecture faite, a signé avec Nous, Auguste
Gouverne Chevalier de la Légion d'Honneur et maire.

B Palasset Gouverne A

ED_LENOIR_Jean 1904

21. **Antoine LENOIR**

Fils de Victor LENOIR (14) et Philomène CHAIZE. Il est né le 9 mars 1898 à Saint-Cyr-au-Mont-d'Or, 69450, Rhône, Rhône-Alpes, FRANCE. Il s'est marié le 5 juin 1926, à l'âge de vingt-huit ans, à Taluyers, 69440, Rhône, Rhône-Alpes, FRANCE, avec **Jeanne, Joséphine DELORME**, âgée de dix-huit ans, fille de Benoît DELORME et Marie Louise GARNIER. Antoine a été mécanicien, Ajusteur le 27 janvier 1928 à Saint-Cyr-au-Mont-d'Or, 69450, Rhône, Rhône-Alpes, FRANCE. Il a résidé à Saint-Cyr-au-Mont-d'Or, 69450, Rhône, Rhône-Alpes, FRANCE le 28 janvier 1928. Il a demeuré à Saint-Genis-Laval, 69230, Rhône, Rhône-Alpes, FRANCE. Il a été employé à la Manufacture de Tabac. Il est décédé le 15 février 1978, à l'âge de 79 ans, à Saint-Genis-Laval, 69230, Rhône, Rhône-Alpes, FRANCE. Il a été inhumé en février 1978 au même endroit.

Place Lassale 69450 Saint-Cyr

Jeanne, Joséphine DELORME. Elle est née le 17 janvier 1908 à Taluyers, 69440, Rhône, Rhône-Alpes, France, mère au foyer. Elle est décédée le 4 février 1966, à l'âge de 58 ans, à Saint-Genis-Laval, 69230, Rhône, Rhône-Alpes, FRANCE. Elle a été inhumée en 1966 au même endroit.

Jeanne, Joséphine DELORME

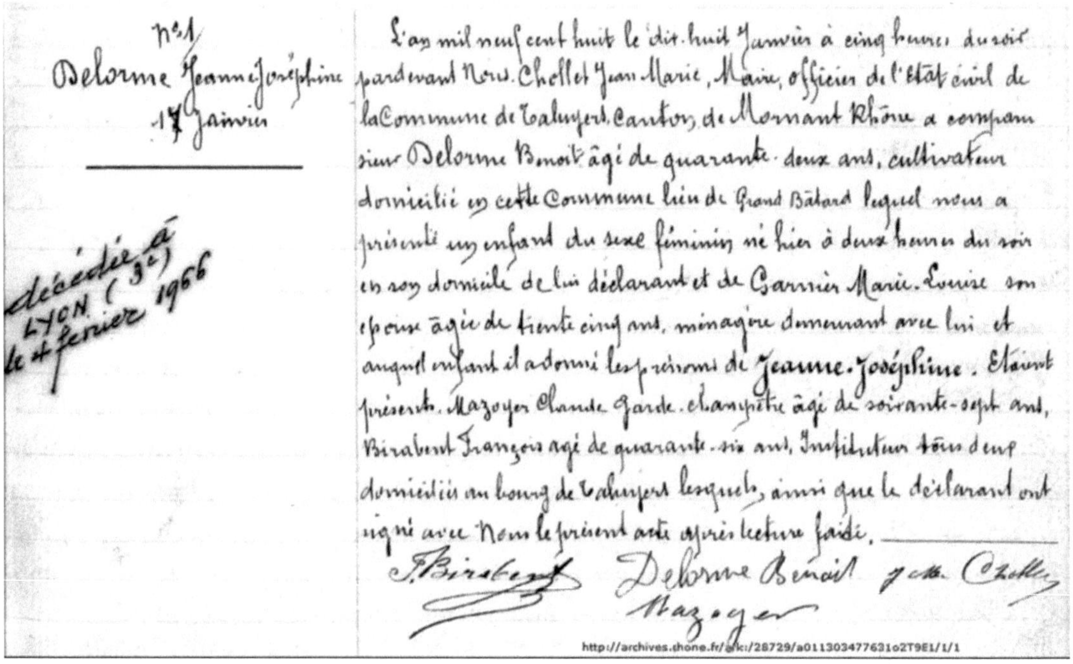
N°1
Delorme Jeanne Joséphine
17 Janvier

décédée à LYON (3e) le 4 février 1966

L'an mil neuf cent huit le dix-huit Janvier à cinq heures du soir pardevant Nous. Chollet Jean Marie, Maire, officier de l'état civil de la Commune de Taluyers, Canton de Mornant Rhône a comparu sieur Delorme Benoît âgé de quarante-deux ans, cultivateur domicilié en cette Commune lieu dit Grand Bâtard lequel nous a présenté un enfant du sexe féminin né hier à deux heures du soir en son domicile de lui déclarant et de Garnier Marie-Louise son épouse âgée de trente cinq ans, ménagère demeurant avec lui et auquel enfant il a donné les prénoms de Jeanne-Joséphine. Étaient présents. Mazoyer Claude garde-champêtre âgé de soixante-sept ans, Birabent François âgé de quarante-six ans, Instituteur tous deux domiciliés au bourg de Taluyers lesquels, ainsi que le déclarant ont signé avec Nous le présent acte après lecture faite.

F. Birabent Delorme Benoît J. Chollet
Mazoyer

http://archives.rhone.fr/ark:/28729/a011303477631o2T9El/1/1

EN_DELORME_Jeanne Joséphine

Antoine LENOIR et Jeanne, Joséphine DELORME ont eu cinq enfants (trois filles et deux garçons) (détails en page 79) :

24. I. **Yvette LENOIR.**
25. II. **Mort Né/LENOIR.**
26. III. **Roger LENOIR.**
27. IV. **Paulette-Louise LENOIR.**
28. V. **Marcelle LENOIR.**

22. **Claudius LENOIR**

Fils de Victor LENOIR [14] et Philomène CHAIZE. Il est né le 10 avril 1903 à Saint-Cyr-au-Mont-d'Or, 69450, Rhône, Rhône-Alpes, FRANCE.

Il a signé un contrat de mariage le 26 octobre 1926, à l'âge de vingt-trois ans, à Orliénas, 69530, Rhône, Rhône-Alpes, FRANCE, avec **Louise, Antoinette DELORME**, âgée de vingt ans, fille de Benoît DELORME et Marie Louise GARNIER.

Claudius et Louise, Antoinette se sont mariés le 8 janvier 1927 à Taluyers, 69440, Rhône, Rhône-Alpes, FRANCE. Témoin : Louis FARGERE. Témoin : Benoît DELORME. Claudius a résidé à Saint-Cyr-au-Mont-d'Or, 69450, Rhône, Rhône-Alpes, FRANCE, Nervieux le 24 août 1929. Il a été entrepreneur de Transport le 29 août 1929 à Saint-Cyr-au-Mont-d'Or, 69450, Rhône, Rhône-Alpes, FRANCE. A habité à Bron, 69500, Rhône, Rhône-Alpes, FRANCE en 1931. Note : Recensement 1931.

Plusieurs types de camion que Claudius aurait conduit.

Il est décédé le 19 avril 1943, à l'âge de 40 ans, à Lyon 8e Arrondissement, 69008, Rhône, Rhône-Alpes, FRANCE. Il a été inhumé le lendemain au même arrondissement.

Louise, Antoinette DELORME. Elle est née le 7 septembre 1906 à Taluyers, 69440, Rhône, Rhône-Alpes, FRANCE, Le Batard.

Louise, Antoinette a résidé à Taluyers, 69440, Rhône, Rhône-Alpes, FRANCE le 7 septembre 1906. Elle a vécu à Saint-Cyr-au-Mont-d'Or, 69450, Rhône, Rhône-Alpes, FRANCE le 23 août 1929. Elle est restée à Lyon 8e Arrondissement, 69008, Rhône, Rhône-Alpes, FRANCE le 26 avril 1947.

Elle a aussi signé un contrat de mariage le 26 octobre 1947, à l'âge de 41 ans, à Orliénas, 69530, Rhône, Rhône-Alpes, FRANCE, avec **Antoine PUPIER**, âgé de 44 ans, fils de Jean-Claude PUPIER et Catherine GONTHIER. Antoine est né le 10 octobre 1903 à Orliénas, 69530, Rhône, Rhône-Alpes, FRANCE. Antoine et Louise, Antoinette se sont mariés le 8 novembre 1947 à Lyon 7e Arrondissement, 69007, Rhône, Rhône-Alpes, FRANCE. Antoine est décédé le 14 mai 1968, à l'âge de 64 ans, à Lyon 3e Arrondissement, 69003, Rhône, Rhône-Alpes, France.

Elle a été contrôleuse d'Usine le 7 novembre 1947 à Lyon 8e Arrondissement, 69008, Rhône, Rhône-Alpes, FRANCE. A la Conserverie LENSBOURG.

Elle a demeuré à Orliénas, 69530, Rhône, Rhône-Alpes, FRANCE le 16 août 1967. Elle a habité à Lyon 7e Arrondissement, 69007, Rhône, Rhône-Alpes, FRANCE en 1994. Maison de retraite Médicalisée L'hermitage.

Elle est décédée le 22 février 1994, à l'âge de 87 ans, à Lyon 7e Arrondissement, 69007, Rhône, Rhône-Alpes, FRANCE. Elle a été inhumée le lendemain à Lyon 8e Arrondissement, 69008, Rhône, Rhône-Alpes, FRANCE.

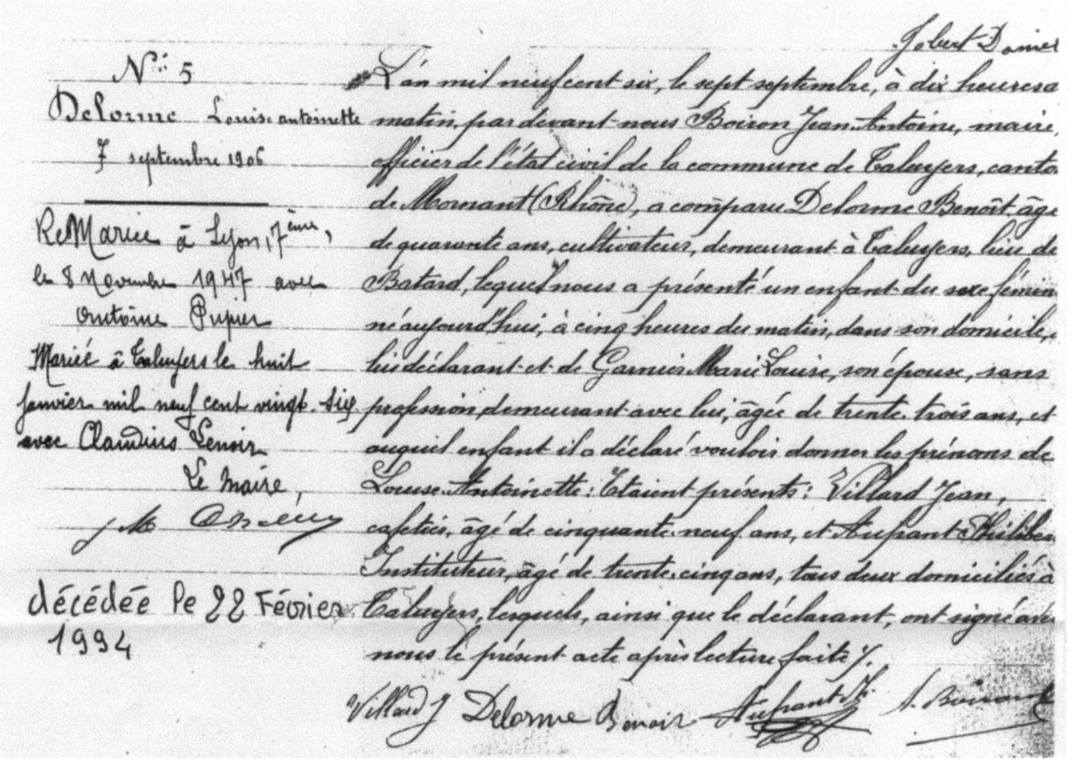

N° 5
Delorme Louise antoinette
7 septembre 1906

Mariée à Lyon 17ème, le 8 novembre 1947 avec Antoine Pupier

Mariée à Taluyers le huit janvier mil neuf cent vingt-six avec Claudius Lenoir
Le maire,

décédée le 22 Février 1994

L'an mil neuf cent six, le sept septembre, à dix heures du matin, par devant nous Boiron Jean-Antoine, maire, officier de l'état civil de la commune de Taluyers, canton de Mornant (Rhône), a comparu Delorme Benoît, âgé de quarante ans, cultivateur, demeurant à Taluyers, lieu de Batard, lequel nous a présenté un enfant du sexe féminin né aujourd'hui, à cinq heures du matin, dans son domicile, lui déclarant et de Garnier Marie Louise, son épouse, sans profession, demeurant avec lui, âgée de trente trois ans, et auquel enfant il a déclaré vouloir donner les prénoms de Louise Antoinette. Étaient présents : Villard Jean, cafetier, âgé de cinquante neuf ans, et Aufrant Philibert, instituteur, âgé de trente cinq ans, tous deux domiciliés à Taluyers, lesquels, ainsi que le déclarant, ont signé avec nous le présent acte après lecture faite.

Villard J Delorme Benoît Aufrant Ph. A. Boiron

EN_Louise, Antoinette DELORME

Claudius LENOIR et Louise, Antoinette DELORME ont eu trois filles (détails en page 62) :

29. I. **Raymonde LENOIR.**
30. II. **Germaine LENOIR.**
31. III. **Jeannine LENOIR.**

Ci-dessous la tombe de Claudius LENOIR (1903-1943
Antoine PUPIER (1903-1968)
Louise, Antoinette DELORME (1906-1994)

Tombe au Cimetière de Lyon-Guillotière 69008

23. **Claude LENOIR** Fils de Joséphine, Madeleine LENOIR [16]. Il est né le 1er mai 1902 à Lyon 2e Arrondissement, 69002, Rhône, Rhône-Alpes, FRANCE. Il est décédé le 27 mai 1902, peu après sa naissance, à Lyon 2e Arrondissement, 69002, Rhône, Rhône-Alpes, FRANCE.

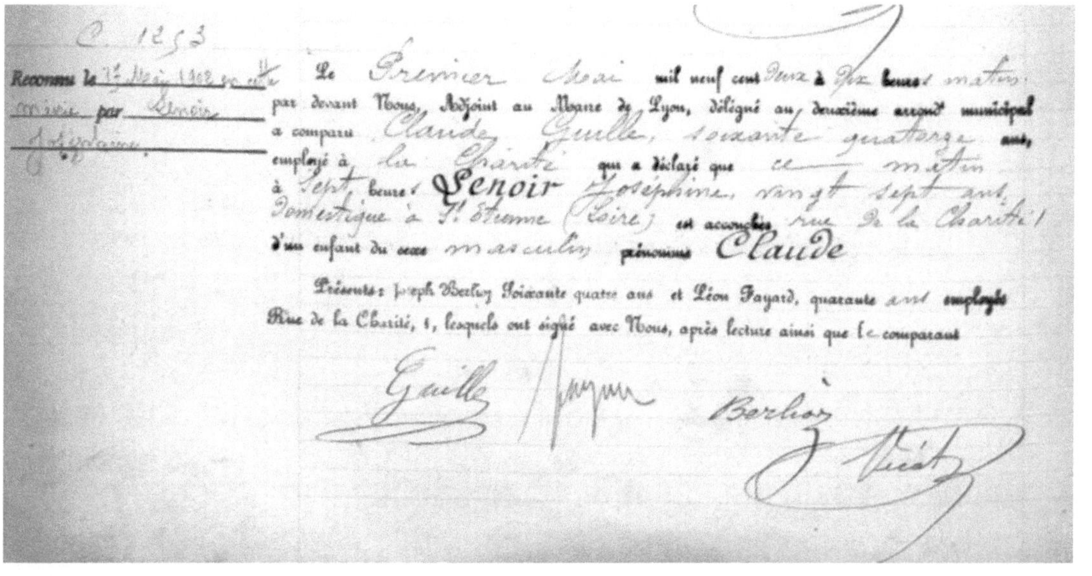
C 1253
Reconnu le 17 Mai 1902 ... par Lenoir Joséphine
Le Premier Mai mil neuf cent deux à dix heures matin par devant Nous, Adjoint au Maire de Lyon, délégué au deuxième arrond^t municipal a comparu Claude Guille, soixante quatorze ans, employé à la Charité qui a déclaré que ce matin à sept heures Lenoir Joséphine, vingt sept ans, domestique à St Etienne (Loire) est accouchée rue de la Charité 1 d'un enfant du sexe masculin prénommé Claude
Présents : Joseph Berlioz soixante quatre ans et Léon Fayard, quarante ans employés Rue de la Charité, 1, lesquels ont signé avec Nous, après lecture ainsi que le comparant
Guille Fayard Berlioz Viat

EN_LENOIR_Claude

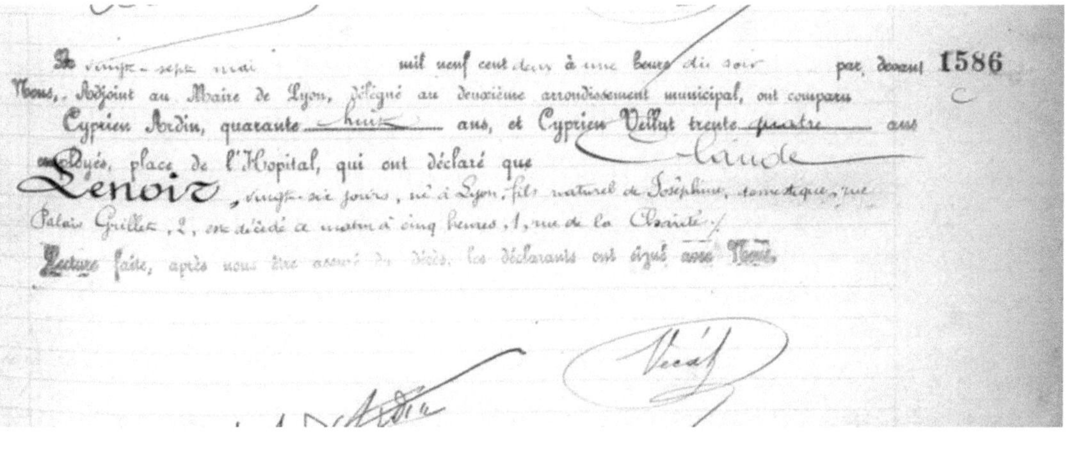
Le vingt-sept mai mil neuf cent deux à une heure du soir par devant 1586
Nous, Adjoint au Maire de Lyon, délégué au deuxième arrondissement municipal, ont comparu Cyprien Ardin, quarante huit ans, et Cyprien Veillut trente quatre ans employés, place de l'Hopital, qui ont déclaré que Claude Lenoir, vingt-six jours, né à Lyon, fils naturel de Joséphine, domestique, rue Palais Grillet, 2, est décédé ce matin à cinq heures, 1, rue de la Charité.
Lecture faite, après nous être assuré du décès, les déclarants ont signé avec Nous.
Viat Ardin

ED_LENOIR_Claude

Génération 7

Descendants de Victor LENOIR et Philomène CHAIZE

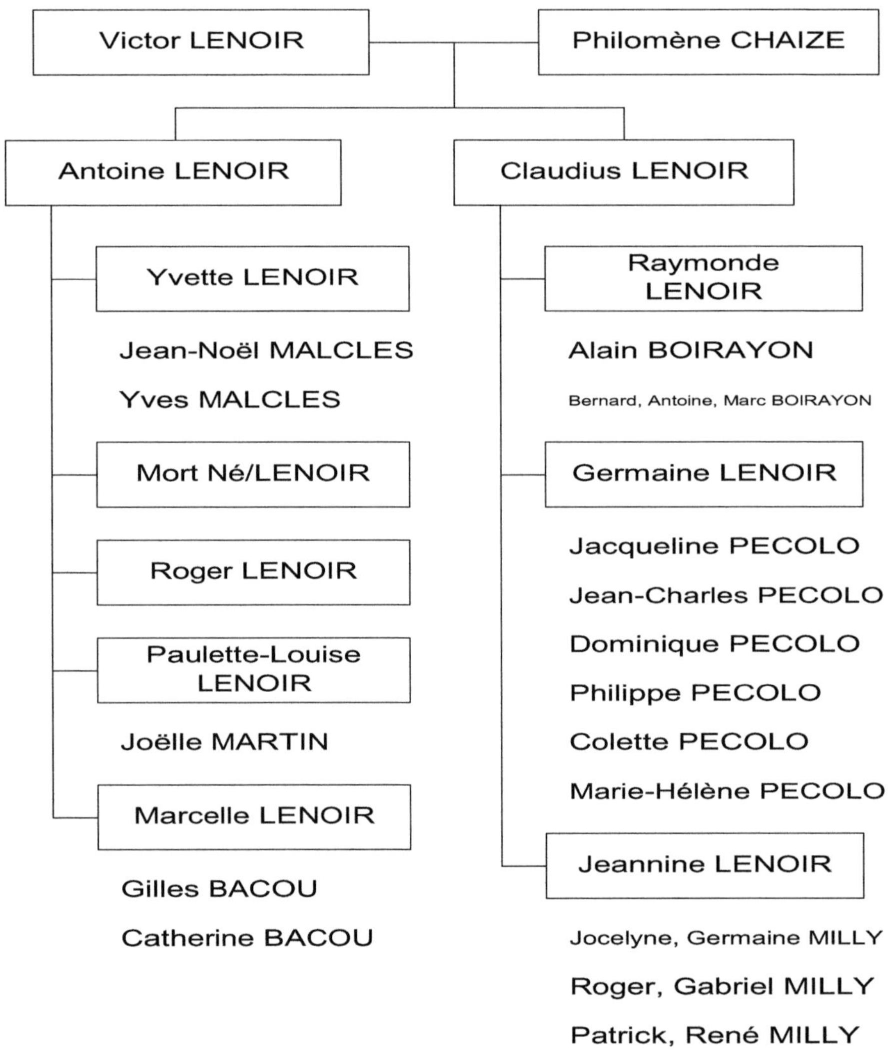

24. **Yvette LENOIR** Fille d'Antoine LENOIR (21) et Jeanne, Joséphine DELORME. Elle est née le 9 mars 1927 à Bron, 69500, Rhône, Rhône-Alpes, FRANCE. Elle est décédée le 07/02/2015 d'une longue maladie, à été incinérée le 09/02/2015 à Bron 69

Mariée avec **Alphonse MALCLES.**

Il est décédé en 2000 à Taluyers, 69440, Rhône, Rhône-Alpes, FRANCE.

Yvette LENOIR et Alphonse MALCLES ont eu deux garçons (détails en page 79) :

32. I. **Jean-Noël MALCLES.**

33. II. **Yves MALCLES.**

25. **Mort Né/LENOIR** Fils d'Antoine LENOIR (21) et Jeanne, Joséphine DELORME. Il est né le 28 janvier 1928 à Saint-Cyr-au-Mont-d'Or, 69450, Rhône, Rhône-Alpes, FRANCE, Place Lassale, Croix des Rameaux. Il est décédé le 28 janvier 1928 à Saint-Cyr-au-Mont-d'Or, 69450, Rhône, Rhône-Alpes, FRANCE, Place Lassale, Croix des Rameaux.

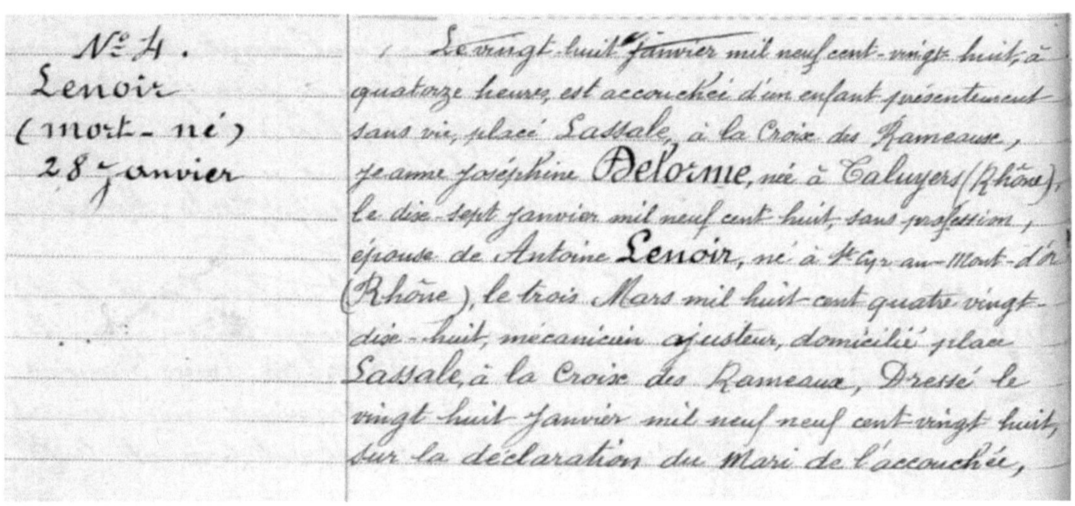

N° 4.
Lenoir
(mort-né)
28 janvier

Le vingt-huit janvier mil neuf cent vingt-huit, à quatorze heures, est accouchée d'un enfant présentement sans vie, place Lassale, à la Croix des Rameaux, Jeanne Joséphine Delorme, née à Taluyers (Rhône), le dix-sept janvier mil neuf cent huit, sans profession, épouse de Antoine Lenoir, né à St Cyr-au-Mont-d'Or (Rhône), le trois Mars mil huit cent quatre-vingt-dix-huit, mécanicien ajusteur, domicilié place Lassale, à la Croix des Rameaux, Dressé le vingt-huit janvier mil neuf neuf cent vingt huit, sur la déclaration du Mari de l'accouchée,

26. **Roger LENOIR** Fils d'Antoine LENOIR (21) et Jeanne, Joséphine DELORME. Il est né le 14 juillet 1930. Il a été second Maître mécanicien volant moteur avions en 1955 à PORT LYAUTEY, MAROC. Il est décédé le 24 mars 1955, à l'âge de vingt-quatre ans, à Rabat, MAROC (accidentellement). Il a été inhumé en 1955 à Saint-Genis-Laval, 69230, Rhône, Rhône-Alpes, FRANCE.

Mort pour la France, son nom est inscrit sur la stèle du Parc de Parilly à Lyon

Ses obsèques ont eu lieu le 26 mars 1956 au Maroc à Rabat

La tombe de Saint Genis Laval dans le Rhône(69) est très entretenue.

27. **Paulette-Louise LENOIR** Fille d'Antoine LENOIR (21) et Jeanne, Joséphine DELORME. Elle est née en 1932. Mariée à **René MARTIN**.

Paulette-Louise LENOIR et René MARTIN ont eu une fille (détails en page 62) :

34. I. **Joëlle MARTIN**.

28. **Marcelle LENOIR** Fille d'Antoine LENOIR (21) et Jeanne, Joséphine DELORME. Elle est née en 1935 à Bron, 69500, Rhône, Rhône-Alpes, FRANCE. Elle s'est mariée en 1961, à l'âge de vingt-cinq ans, à Saint-Genis-Laval, 69230, Rhône, Rhône-Alpes, FRANCE, avec **Pierre, Gabriel BACOU**, âgé de vingt-cinq ans. Marcelle a été assistante maternelle.

Pierre, Gabriel BACOU. Il est né le 30 mai 1935 à Nice, 06000, Alpes-Maritimes, Provence-Alpes-Côte d'Azur, France. Fils de Georges BACOU Reporter photographe à cannes, il a un frère Jacques

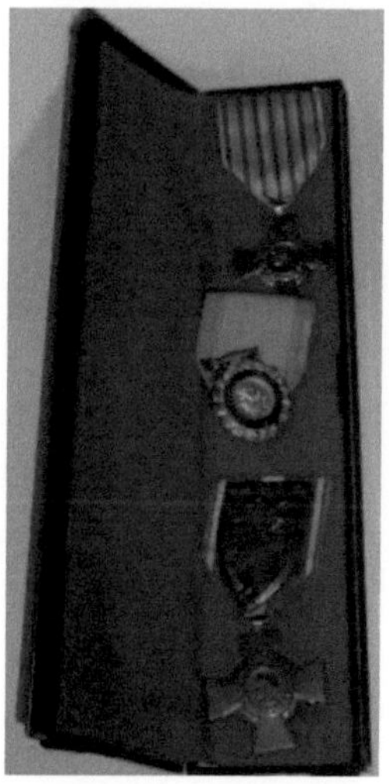

Il a été matelot Fusiliers Marins en 1958 au MAROC,

Croix de la valeur Militaire au MAROC le 18 février 1958.

Note relative à l'occupation : Matricule 34944 T 56

D.B.F.M. Voltigeur de pointe

Il a été employé municipal, Gardien de groupe scolaire.

Il est décédé le 13 septembre 1984, à l'âge de 49 ans, à Pierre-Bénite, 69310, Rhône, Rhône-Alpes, FRANCE. Il a été inhumé en 1984 à Saint-Genis-Laval, 69230, Rhône, Rhône-Alpes, FRANCE.

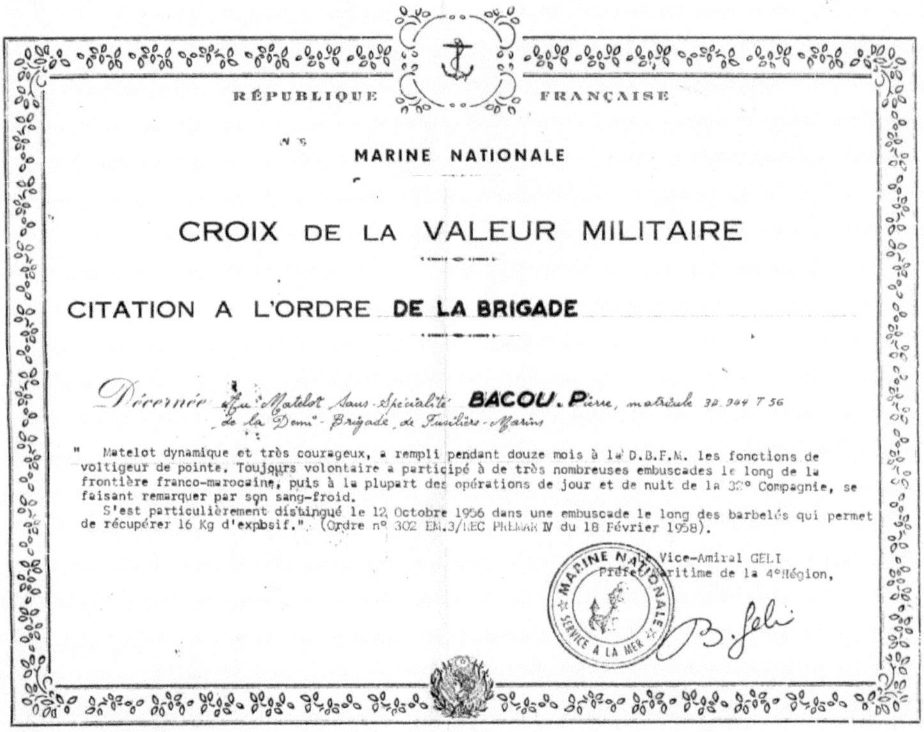
RÉPUBLIQUE FRANÇAISE

MARINE NATIONALE

CROIX DE LA VALEUR MILITAIRE

CITATION A L'ORDRE DE LA BRIGADE

Décernée au Matelot Sans Spécialité BACOU. Pierre, matricule 32.944 T 56 de la Demi-Brigade de Fusiliers-Marins

" Matelot dynamique et très courageux, a rempli pendant douze mois à la D.B.F.M. les fonctions de voltigeur de pointe. Toujours volontaire a participé à de très nombreuses embuscades le long de la frontière franco-marocaine, puis à la plupart des opérations de jour et de nuit de la 32° Compagnie, se faisant remarquer par son sang-froid.

S'est particulièrement distingué le 12 Octobre 1956 dans une embuscade le long des barbelés qui permet de récupérer 16 Kg d'explosif." (Ordre n° 302 EM.3/REC PREMAR IV du 18 Février 1958).

Le Vice-Amiral GELI
Préfet Maritime de la 4°Région,

MARINE NATIONALE SERVICE A LA MER

B. Geli

Marcelle LENOIR et Pierre, Gabriel BACOU ont eu deux enfants (un garçon et une fille) (détails en page 79) :

35. I. **Gilles BACOU**.

36. II. **Catherine BACOU**.

29. **Raymonde LENOIR** Fille de Claudius LENOIR (22) et Louise, Antoinette DELORME.

Née le 23 août 1929 à Lyon 4e Arrondissement, 69004, Rhône, Rhône-Alpes, FRANCE et a été baptisée le 3 septembre 1929 au même endroit.

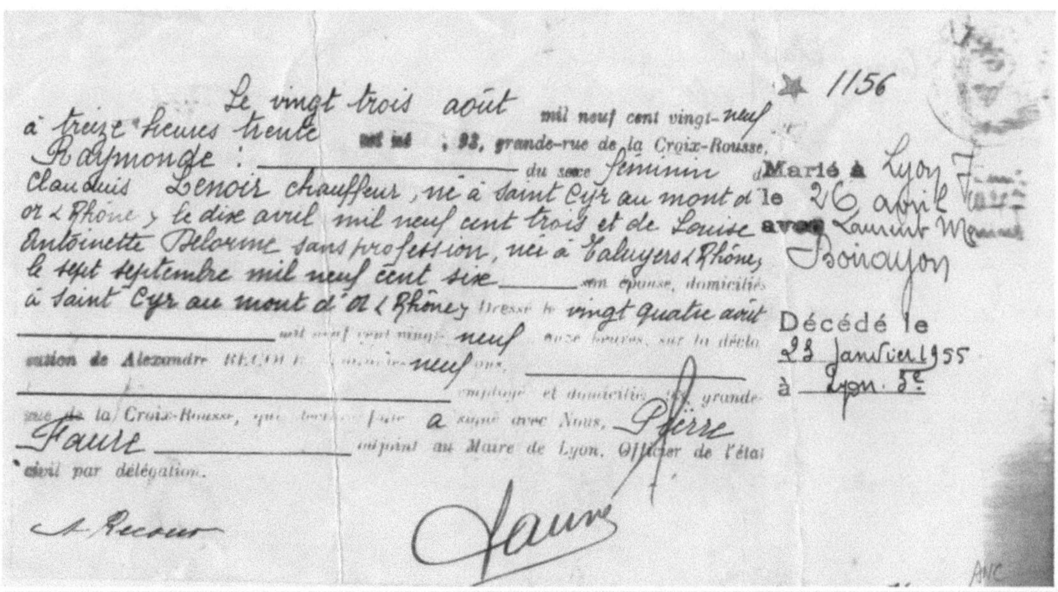

1156

Le vingt trois août mil neuf cent vingt-neuf
à treize heures trente est né , 93, grande-rue de la Croix-Rousse,
Raymonde : du sexe féminin
Claudius Lenoir chauffeur, né à Saint Cyr au mont d'or (Rhône) le dix avril mil neuf cent trois et de Louise Antoinette Delorme sans profession, née à Valuyers (Rhône) le sept septembre mil neuf cent six son épouse, domiciliés à Saint Cyr au mont d'Or (Rhône) Dressé le vingt quatre août mil neuf cent vingt-neuf onze heures, sur la déclaration de Alexandre RECOUR ... neuf ans, employé et domicilié ... grande-rue de la Croix-Rousse, qui ... a signé avec Nous, Pierre Faure adjoint au Maire de Lyon, Officier de l'état civil par délégation.

Marié à Lyon 7e le 26 avril ... avec Laurent Marius Boirayon

Décédé le 23 Janvier 1955 à Lyon 5e

A. Recour

Faure

Elle s'est mariée le 26 avril 1947, à l'âge de dix-sept ans, à Lyon 7e Arrondissement, 69007, Rhône, Rhône-Alpes, FRANCE, avec **Laurent, Marius BOIRAYON**, âgé de vingt-deux ans, fils de Marius, Ignace, Bonaventure BOIRAYON et Jeanne, Marguerite MOULIN. Raymonde a résidé à Lyon 7e Arrondissement, 69007, Rhône, Rhône-Alpes, FRANCE le 25 avril 1947. Elle a été bobineuse le 26 avril 1947 à Lyon 8e Arrondissement, 69008, Rhône, Rhône-Alpes, FRANCE.

Laurent BOIRAYON et Raymonde LENOIR 26 avril 1947

Note relative à l'union de Laurent, Marius BOIRAYON et Raymonde LENOIR (m. 1947)

Présents: Marguerite BOIRAYON, marchande foraine, BOIRAYON Félix, employé de Banque.

Eglise Saint Jacques, LYON

Raymonde LENOIR est décédée le 23 janvier 1955, à l'âge de vingt-cinq ans, à Lyon 3e Arrondissement, 69003, Rhône, Rhône-Alpes, France, et a été inhumée le 26 janvier 1955 à Lyon 8e Arrondissement, 69008, Rhône, Rhône-Alpes, FRANCE.

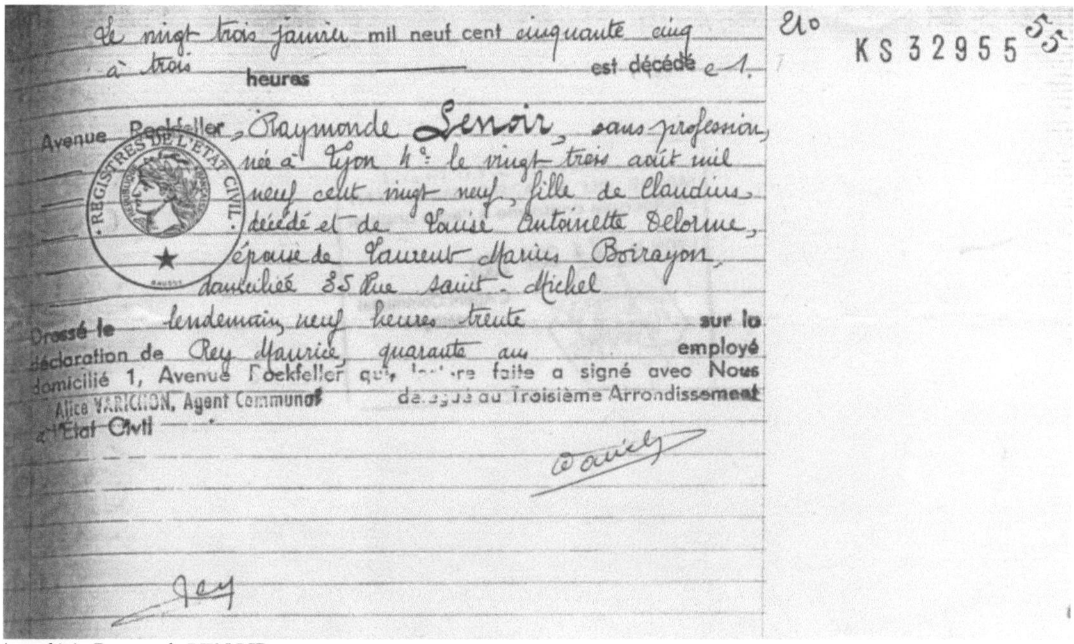

Elo KS 32955 55

Le vingt trois janvier mil neuf cent cinquante cinq
à trois heures est décédée
Avenue Rockfeller, Raymonde Lenoir, sans profession,
née à Lyon 4e le vingt trois août mil
neuf cent vingt neuf, fille de Claudius
décédé et de Louise Antoinette Delorme,
épouse de Laurent Marius Boirayon,
domiciliée 35 Rue Saint Michel
Dressé le lendemain neuf heures trente sur la
déclaration de Rey Maurice, quarante ans employé
domicilié 1, Avenue Rockfeller qui, lecture faite a signé avec Nous
Alice VARICHON, Agent Communal délégué au Troisième Arrondissement
à l'Etat Civil

REGISTRES DE L'ETAT CIVIL

Acte décès Raymonde LENOIR

Sa tombe, ainsi que celle de Laurent BOIRAYON *au Cimetière de Lyon-Guillotière 69008*

Laurent, Marius BOIRAYON. Fils de Marius, Ignace, Bonaventur et de Jeanne, Marguerite MOULIN. Il est né le 27 juillet 1924 à Lyon 7e Arrondissement, 69007, Rhône, Rhône-Alpes, FRANCE, a été baptisé le 16 août 1924 à Lyon 8e Arrondissement, 69008, Rhône, Rhône-Alpes, FRANCE et a été confirmé le 31 mars 1935 au même endroit.

Il a résidé à Lyon 7e Arrondissement, 69007, Rhône, Rhône-Alpes, FRANCE le 27 juillet 1924. Il a vécu à Lyon 8e Arrondissement, 69008, Rhône, Rhône-Alpes, FRANCE le 26 avril 1947, et y a été tourneur, Fraiseur sur métaux à l'usine "PARIS-RHÔNE"

135 grande rue de Montplaisir

Il est resté à Lyon depuis le 12 avril 1949, au 35 rue Saint Michel 7e Arrondissement, 69007, Rhône, Rhône-Alpes, France (3è au centre)

Il a obtenu la Médaille du travail à Paris-Rhône Lyon 8e Arrondissement, 69008, Rhône, Rhône-Alpes, FRANCE le 15 janvier 1975.

Médaille du travail

Laurent BOIRAYON

RÉPUBLIQUE FRANÇAISE

LIBERTÉ - ÉGALITÉ - FRATERNITÉ

MINISTÈRE DU TRAVAIL

MÉDAILLE D'HONNEUR DU TRAVAIL

Le Ministre du Travail

*Décerne à M*onsieur BOIRAYON Laurent à LYON

Fraiseur outilleur à la STE PARIS ET DU RHONE à LYON

la Médaille d'honneur du Travail EN ARGENT *à titre de récompense pour* VINGT CINQ *années de services.*

Fait à LYON, *le* 20 DECEMBRE 1974

Le Ministre,

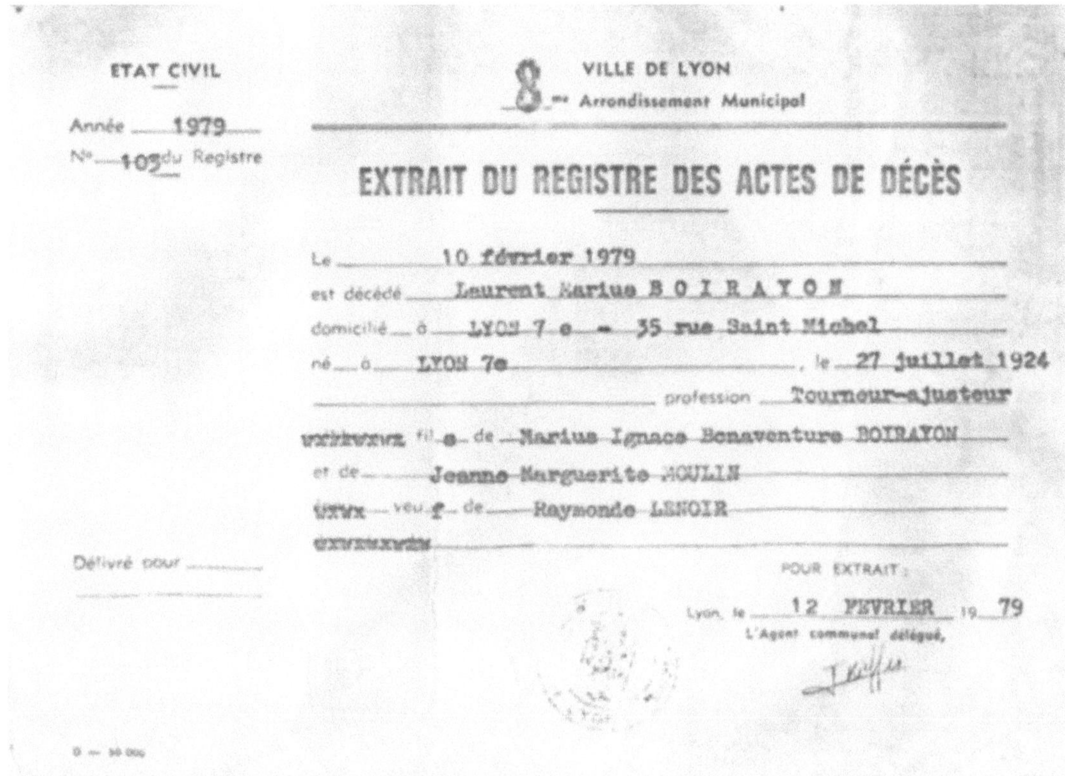
ETAT CIVIL

Année 1979

N° 103 du Registre

VILLE DE LYON

8me Arrondissement Municipal

EXTRAIT DU REGISTRE DES ACTES DE DÉCÈS

Le 10 février 1979

est décédé Laurent Marius B O I R A Y O N

domicilié à LYON 7 e - 35 rue Saint Michel

né à LYON 7e, le 27 juillet 1924

profession Tourneur-ajusteur

fils de Marius Ignace Bonaventure BOIRAYON

et de Jeanne Marguerite MOULIN

veuf de Raymonde LENOIR

Délivré pour

POUR EXTRAIT :

Lyon, le 12 FEVRIER 1979

L'Agent communal délégué,

Il est décédé le 10 février 1979, à l'âge de 54 ans, à Lyon 3e Arrondissement, 69003, Rhône, Rhône-Alpes, FRANCE. Il a été inhumé le 12 février 1979 à Lyon 8e Arrondissement, 69008, Rhône, Rhône-Alpes, FRANCE.

Raymonde LENOIR et Laurent, Marius BOIRAYON ont eu deux garçons (détails en page 80) :

37. I. **Alain BOIRAYON**.

38. II. **Bernard, Antoine, Marc BOIRAYON**.

30. **Germaine LENOIR** Fille de Claudius LENOIR (22) et Louise, Antoinette DELORME. Elle est née en 1930 à Lyon 4e Arrondissement, 69004, Rhône, Rhône-Alpes, FRANCE. Note : rue Pierre Verger. Mariée avec **Gabriel PECOLO**, né en 1924. Ils ont résidé à Poleymieux-au-Mont-d'Or, 69250, Rhône, Rhône-Alpes, FRANCE en 1960 puis à Lyon 5e Arrondissement, 69005, Rhône, Rhône-Alpes, FRANCE en 2000. Il est décédé le 28 février 2011, à l'âge de 87 ans, à Lyon 5e Arrondissement, 69005, Rhône, Rhône-Alpes, FRANCE.

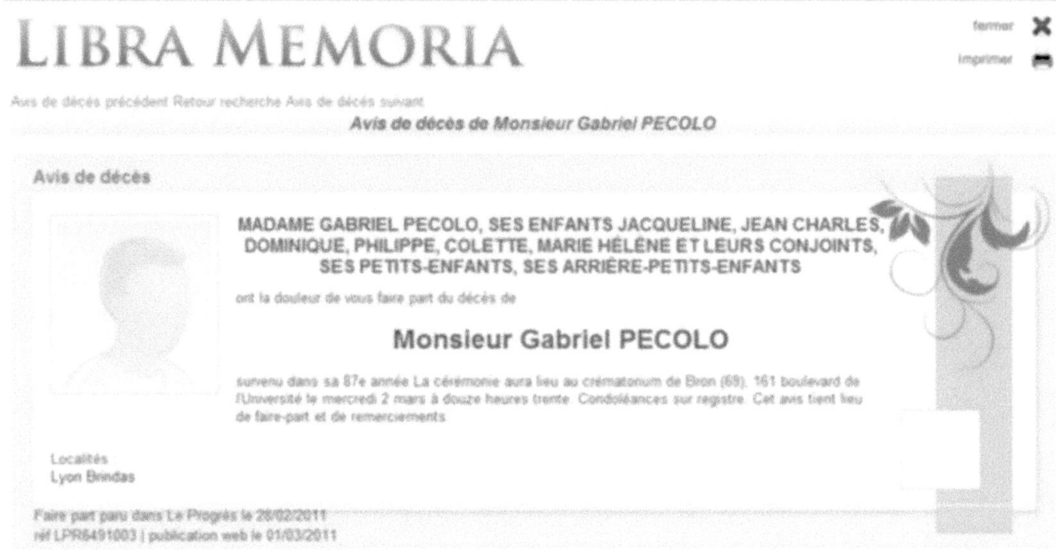

LIBRA MEMORIA

fermer

imprimer

Avis de décès précédent Retour recherche Avis de décès suivant

Avis de décès de Monsieur Gabriel PECOLO

Avis de décès

MADAME GABRIEL PECOLO, SES ENFANTS JACQUELINE, JEAN CHARLES, DOMINIQUE, PHILIPPE, COLETTE, MARIE HÉLÈNE ET LEURS CONJOINTS, SES PETITS-ENFANTS, SES ARRIÈRE-PETITS-ENFANTS

ont la douleur de vous faire part du décès de

Monsieur Gabriel PECOLO

survenu dans sa 87e année La cérémonie aura lieu au crématorium de Bron (69), 161 boulevard de l'Université le mercredi 2 mars à douze heures trente. Condoléances sur registre. Cet avis tient lieu de faire-part et de remerciements

Localités
Lyon Brindas

Faire part paru dans Le Progrès le 28/02/2011
réf LPR6491003 | publication web le 01/03/2011

Faire part de Gabriel PECOLO

Germaine LENOIR et Gabriel PECOLO ont eu six enfants (trois filles et trois garçons) (détails en page 86) :

39. I. **Jacqueline PECOLO**.
40. II. **Jean-Charles PECOLO**.
41. III. **Dominique PECOLO**.
42. IV. **Philippe PECOLO**.
43. V. **Colette PECOLO**.
44. VI. **Marie-Hélène PECOLO**.

31. **Jeannine LENOIR** Fille de Claudius LENOIR (22) et Louise, Antoinette DELORME. Elle est née en 1932 à Bron, 69500, Rhône, Rhône-Alpes, FRANCE. Elle s'est mariée en 1952, à l'âge de dix-neuf ans, à Lyon 7e Arrondissement, 69007, Rhône, Rhône-Alpes, FRANCE, avec **Georges, Antoine MILLY**, âgé de vingt-deux ans, fils d'Auguste, Raymond MILLY et Germaine BOURGET. Jeannine a résidé à Bron, 69500, Rhône, Rhône-Alpes, FRANCE en 1932. Elle a habité à Lyon 8e Arrondissement, 69008, Rhône, Rhône-Alpes, FRANCE en 1932. Elle a vécu à Lyon 8e Arrondissement, 69008, Rhône, Rhône-Alpes, FRANCE en 1983.

Georges, Antoine MILLY. Il est né le 3 septembre 1929 à Lyon 2e Arrondissement, 69002, Rhône, Rhône-Alpes, FRANCE.

Il a résidé à Lyon 8e Arrondissement, 69008, Rhône, Rhône-Alpes, FRANCE le 25 décembre 1953. Il a été tourneur le 13 novembre 1956 à Lyon 8e Arrondissement, 69008, Rhône, Rhône-Alpes, FRANCE. Il est décédé le 26 février 2006, à l'âge de 76 ans, à Lyon 7e Arrondissement, 69007, Rhône, Rhône-Alpes, FRANCE.

Note : Acte N°133. Il a été inhumé le 28 février 2006 à Lyon 8e Arrondissement, 69008, Rhône, Rhône-Alpes, FRANCE.

Jeannine LENOIR et Georges, Antoine MILLY ont eu trois enfants (une fille et deux garçons) (détails en page 80) :

45. I. **Jocelyne, Germaine MILLY**.
46. II. **Roger, Gabriel MILLY**.
47. III. **Patrick, René MILLY**.

Génération 8

Descendants d'Antoine LENOIR et Jeanne, Joséphine DELORME

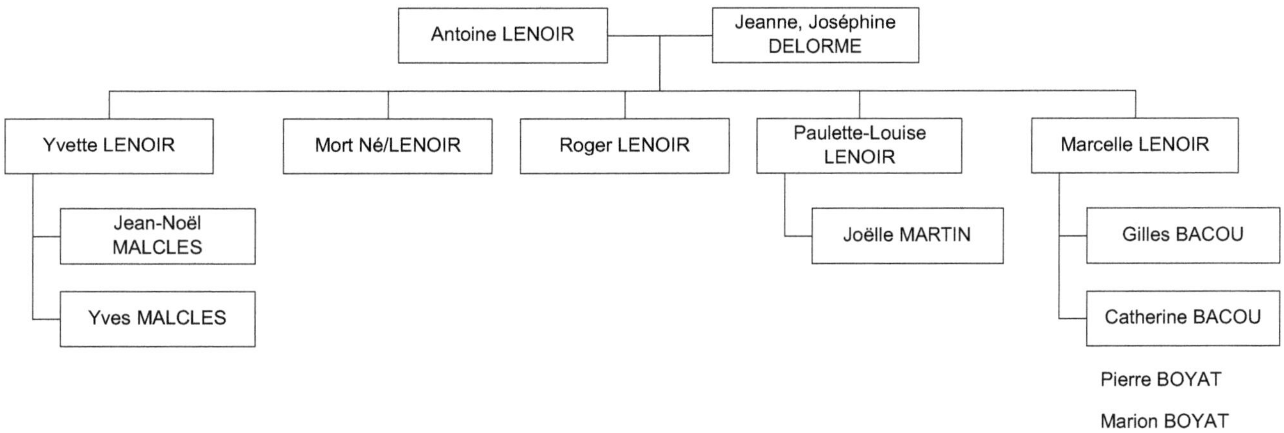

32. **Jean-Noël MALCLES** fils d'Alphonse MALCLES et Yvette LENOIR (24).

33. **Yves MALCLES** fils d'Alphonse MALCLES et Yvette LENOIR (24). Il est né en 1956 à Saint-Genis-Laval, 69230, Rhône, Rhône-Alpes, FRANCE. Il est décédé le 23 janvier 1958, âgé de quinze mois seulement, à Saint-Genis-Laval, 69230, Rhône, Rhône-Alpes, FRANCE. Il a été inhumé en 1958 au même endroit.

34. **Joëlle MARTIN** fille de René MARTIN et Paulette-Louise LENOIR (27).

35. **Gilles BACOU** fils de Pierre, Gabriel BACOU et Marcelle LENOIR (28). Il est né en 1962 à Oullins, 69600, Rhône, Rhône-Alpes, FRANCE.

36. **Catherine BACOU**

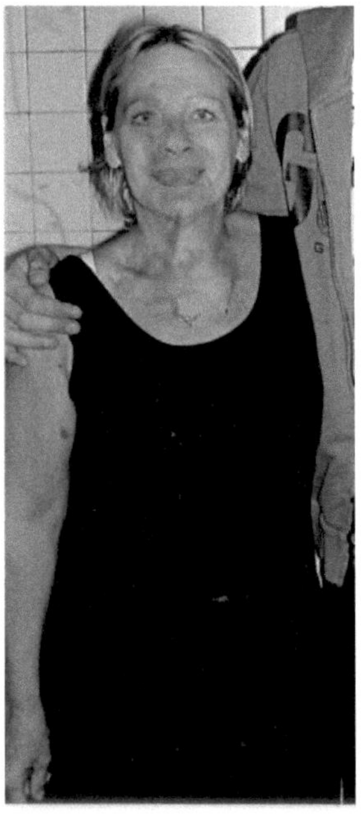

Fille de Pierre, Gabriel BACOU et Marcelle LENOIR (28). Elle est née en 1967 à Lyon 7e Arrondissement, 69007, Rhône, Rhône-Alpes, FRANCE. Elle a vécu avec **Philippe BOYAT**.

Catherine BACOU et Philippe BOYAT ont eu deux enfants (un garçon et une fille) (détails en page 91) :

48. I. **Pierre BOYAT**.
49. II. **Marion BOYAT**.

Descendants de Claudius LENOIR et Louise, Antoinette DELORME

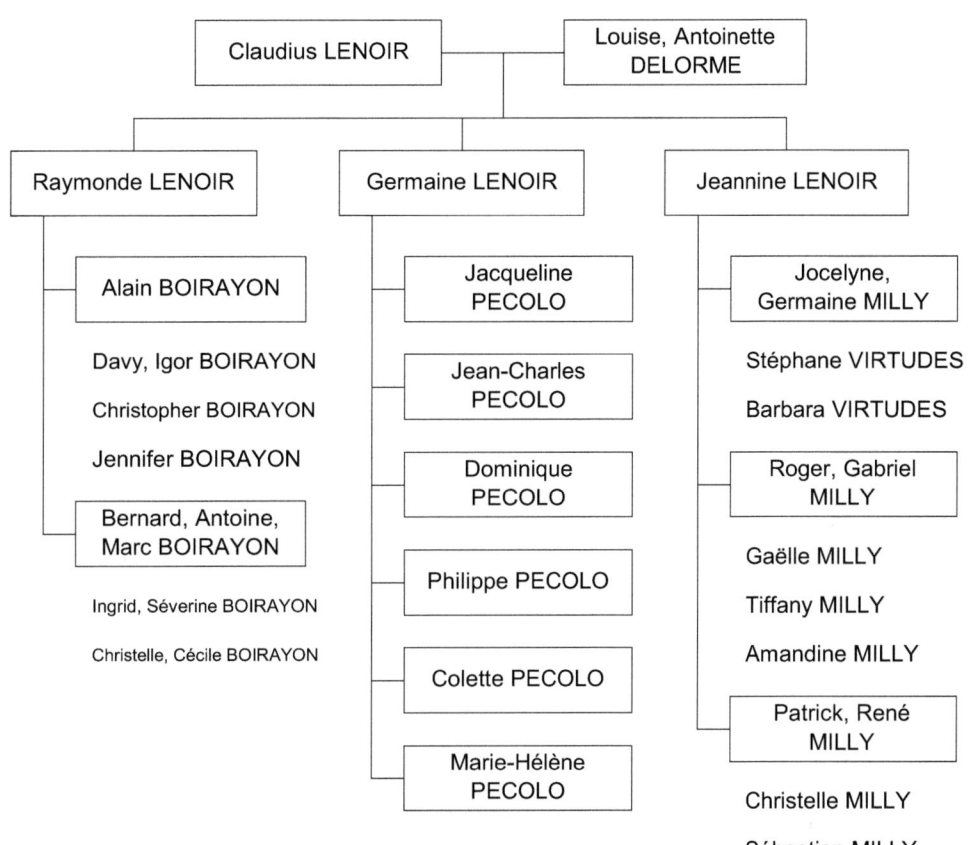

- Claudius LENOIR — Louise, Antoinette DELORME
  - Raymonde LENOIR
    - Alain BOIRAYON
      - Davy, Igor BOIRAYON
      - Christopher BOIRAYON
      - Jennifer BOIRAYON
    - Bernard, Antoine, Marc BOIRAYON
      - Ingrid, Séverine BOIRAYON
      - Christelle, Cécile BOIRAYON
  - Germaine LENOIR
    - Jacqueline PECOLO
    - Jean-Charles PECOLO
    - Dominique PECOLO
    - Philippe PECOLO
    - Colette PECOLO
    - Marie-Hélène PECOLO
  - Jeannine LENOIR
    - Jocelyne, Germaine MILLY
      - Stéphane VIRTUDES
      - Barbara VIRTUDES
    - Roger, Gabriel MILLY
      - Gaëlle MILLY
      - Tiffany MILLY
      - Amandine MILLY
    - Patrick, René MILLY
      - Christelle MILLY
      - Sébastien MILLY

37. **Alain BOIRAYON** Fils de Laurent, Marius BOIRAYON et Raymonde LENOIR [29].

Il est né en 1948 à Lyon 7e Arrondissement, 69007, Rhône, Rhône-Alpes, FRANCE, au domicile des Parents, 35 r. St Michel 69007 a été baptisé en 1948.

Son parrain était Félix, Jean, Marius BOIRAYON. Sa marraine était Louise, Antoinette DELORME. Il s'est marié en 1984, à l'âge de 35 ans, à Lyon 7e Arrondissement, 69007, Rhône, Rhône-Alpes, FRANCE, avec **Gabrielle, Arlette, Andrée BERNERON**, âgée de vingt-trois ans, fille par adoption de Robert, Lucien, Raymond BERNERON sa mère étant Arlette, Gabrielle, Jacqueline ROGGERO.

Alain et Gabrielle, Arlette, Andrée se sont mariés en 1984 à Lyon 8e Arrondissement, 69008, Rhône, Rhône-Alpes, FRANCE. Note : Acte signé Robert BATAILLY.

Témoins : Norbert BERNERON et Sonia VASSEUR. Alain a résidé à Lyon 7e Arrondissement, 69007, Rhône, Rhône-Alpes, FRANCE en 1948. Il est resté à Parmilieu, 38390, Isère, Rhône-Alpes, FRANCE en 1962 à l' Internat Municipal de la Ville de Lyon (ph.). Il a demeuré à Paris 7e Arrondissement, 75007, Paris, Île-de-France, FRANCE en 1969. Il a habité à Lyon 8e Arrondissement, 69008, Rhône, Rhône-Alpes, FRANCE en 1983. Il a été directeur Achats en 1996 à Aouste-sur-Sye, 26400, Drôme, Rhône-Alpes, FRANCE.

Alain à passé son enfance au Serverin dans l'Isère commune de Parmillieu,

Ou il à été confirmé

Profession de Foi

Je m'attache à Jésus-Christ pour toujours

Alain Boirayon

a été baptisé le 15 aout 1948

a été confirmé le

a renouvelé les Promesses de son Baptême le 29 mai 196[illegible]

en l'Eglise de Vertrieu (Isère)

Puis après son service militaire (1969) il s'installe à Paris Avenue de la Bourdonnais, aux pieds de la Tour Eiffel ou il exerça son métier de cuisinier.

Gabrielle, Arlette, Andrée BERNERON.

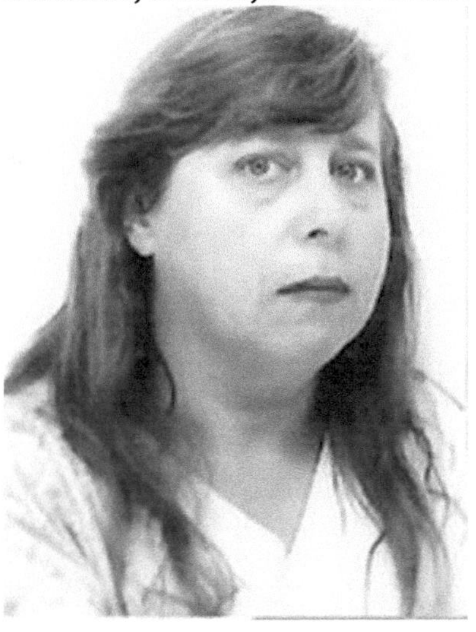

Elle est née en 1960 à Lyon 8e Arrondissement, 69008, Rhône, Rhône-Alpes, FRANCE a été baptisée en 1965 au même endroit.

Elle a résidé à Lyon 3e Arrondissement, 69003, Rhône, Rhône-Alpes, FRANCE en 1984. Chez son père Robert Berneron. En 2005 elle décide de se reconvertir et devient conductrice de cars en Isère, Rhône-Alpes, FRANCE. Puis après entre aux TCL à Lyon au dépôt Audibert et Lavirotte dans le 7 ème.

Alain BOIRAYON et Gabrielle, Arlette, Andrée BERNERON ont eu trois enfants (deux garçons et une fille) (détails en page 102) :

50. I. **Davy, Igor BOIRAYON.**
51. II. **Christopher BOIRAYON.**
52. III. **Jennifer BOIRAYON.**

38. **Bernard, Antoine, Marc BOIRAYON** Fils de Laurent, Marius BOIRAYON et Raymonde LENOIR (29). Il est né en 1950 à Lyon 7e Arrondissement, 69007, Rhône, Rhône-Alpes, FRANCE et a été baptisé en 1951 au même endroit.. Son parrain était Antoine PUPIER. Il s'est marié en 1979, à l'âge de vingt-huit ans, à Lyon 7e Arrondissement, 69007, Rhône, Rhône-Alpes, FRANCE, avec **Sonia VASSEUR**, âgée de vingt ans, fille d'André VASSEUR et Madeleine LIGIER. Bernard, Antoine, Marc a été chauffeur Routier régional en 1982 à Lyon, 69000, Rhône, Rhône-Alpes, FRANCE.

Il a été répartiteur de journaux en 1984 à Saint-Priest, 69800, Rhône, Rhône-Alpes, FRANCE.

Sonia VASSEUR. Elle est née en 1958.

A été employée Administrative détachée à la fonction Publique en 1982 à Lyon 7e Arrondissement, 69007, Rhône, Rhône-Alpes, FRANCE.

Bernard, Antoine, Marc BOIRAYON et Sonia VASSEUR ont eu deux filles (détails en page 105) :

53. I. **Ingrid, Séverine BOIRAYON**.
54. II. **Christelle, Cécile BOIRAYON**.

Les enfants de Gabrielle LENOIR

39. **Jacqueline PECOLO**	fille de Gabriel PECOLO et Germaine LENOIR (30).
40. **Jean-Charles PECOLO**	fils de Gabriel PECOLO et Germaine LENOIR (30).
41. **Dominique PECOLO**	fils de Gabriel PECOLO et Germaine LENOIR (30).
42. **Philippe PECOLO**	fils de Gabriel PECOLO et Germaine LENOIR (30).
43. **Colette PECOLO**	fille de Gabriel PECOLO et Germaine LENOIR (30).
44. **Marie-Hélène PECOLO**	fille de Gabriel PECOLO et Germaine LENOIR (30).

A ce jour nous ne pouvons apporter aucune information sur la famille PECOLO Germaine LENOIR étant fâchée avec sa famille.

45. **Jocelyne, Germaine MILLY** Fille de Georges, Antoine MILLY et Jeannine LENOIR (31). Elle est née en 1953 à Lyon 2e Arrondissement, 69002, Rhône, Rhône-Alpes, FRANCE. Elle s'est mariée en 1973, à l'âge de dix-neuf ans, à Lyon 8e Arrondissement, 69008, Rhône, Rhône-Alpes, FRANCE, avec **José, Félix VIRTUDES PIRES**, âgé de vingt-deux ans, né en 1951. Jocelyne, Germaine a résidé à São Brás de Alportel, P 8150, PORTUGAL.

Jocelyne, Germaine MILLY et José, Félix VIRTUDES PIRES ont eu deux enfants (un garçon et une fille) (détails en page 99 :

55. I. **Stéphane VIRTUDES.**
56. II. **Barbara VIRTUDES.**

46. **Roger, Gabriel MILLY** Fils de Georges, Antoine MILLY et Jeannine LENOIR (31). Il est né en 1956 à Lyon 2e Arrondissement, 69002, Rhône, Rhône-Alpes, FRANCE. Il s'est marié en 1977, à l'âge de vingt ans, à Lyon 7e Arrondissement, 69007, Rhône, Rhône-Alpes, FRANCE, avec **Chantal, Colette MOUILLIER**, âgée de dix-neuf ans. Elle est née en 1958 à Lyon 3e Arrondissement, 69003, Rhône, Rhône-Alpes, FRANCE.

Roger, Gabriel MILLY et Chantal, Colette MOUILLIER ont eu trois filles (détails en page 99100) :

57. I. **Gaëlle MILLY**.
58. II. **Tiffany MILLY**.
59. III. **Amandine MILLY**.

47. **Patrick, René MILLY** Fils de Georges, Antoine MILLY et Jeannine LENOIR (31). Il est né en 1958 à Lyon 3e Arrondissement, 69003, Rhône, Rhône-Alpes, FRANCE. Il s'est marié en 1980, à l'âge de vingt et un ans, à Saint-Hilaire-de-la-Côte, 38260, Isère, Rhône-Alpes, FRANCE, avec **Nadine, Marie-Josèphe, Justine GANET**, âgée de vingt ans. Elle est née en 1960. Patrick, René a résidé à Saint-Hilaire-de-la-Côte, 38260, Isère, Rhône-Alpes, FRANCE. Il a été agent d'Entretien Général en 2007 à Grenoble, 38000, Isère, Rhône-Alpes, FRANCE.

Patrick, René MILLY et Nadine, Marie-Josèphe, Justine GANET ont eu deux enfants (une fille et un garçon) (détails en page 92) :

60. I. **Christelle MILLY**.
61. II. **Sébastien MILLY**.

Génération 9

Descendants de Pierre, Gabriel BACOU et Marcelle LENOIR

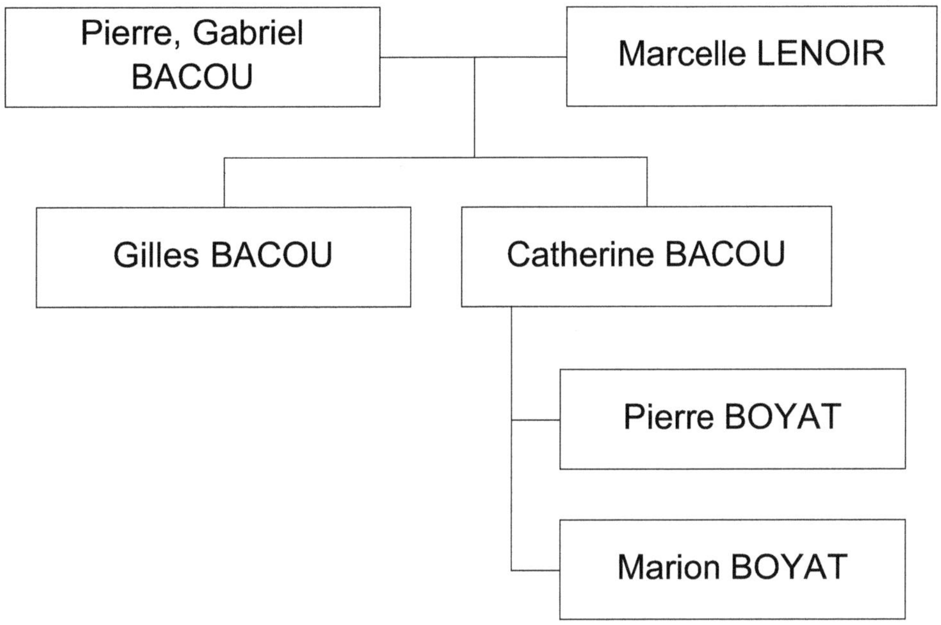

48. **Pierre BOYAT** Fils de Philippe BOYAT et Catherine BACOU (36). Il est né en 1991 à Oullins, 69600, Rhône, Rhône-Alpes, FRANCE.

49. **Marion BOYAT** Fille de Philippe BOYAT et Catherine BACOU (36). Elle est née en 1994 à Pierre-Bénite, 69310, Rhône, Rhône-Alpes, FRANCE.

Descendants de Laurent, Marius BOIRAYON et Raymonde LENOIR

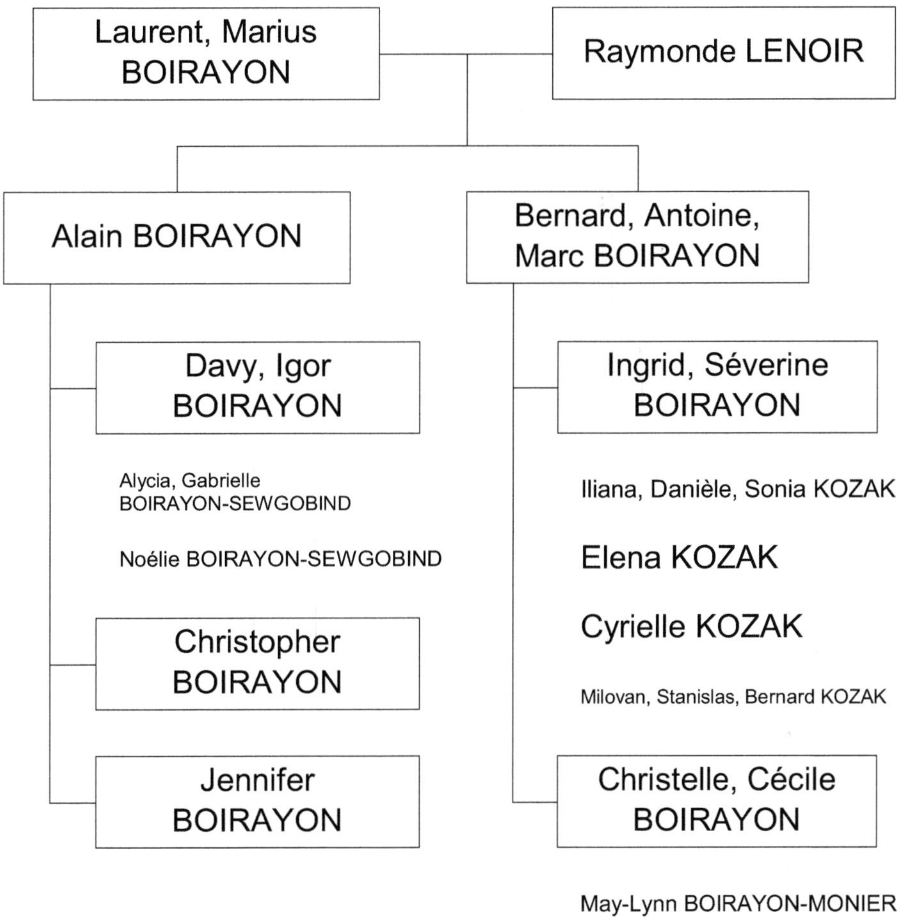

Davy, Igor BOIRAYON Fils d'Alain BOIRAYON (37) et Gabrielle, Arlette, Andrée BERNERON.

Il est né en 1985 à Lyon 8e Arrondissement, 69008, Rhône, Rhône-Alpes, FRANCE et a été baptisé en 1988 à Châtonnay, 38440, Isère, Rhône-Alpes, FRANCE. Son parrain était Igor RAOUX. Sa marraine Sonia VASSEUR. Il a conclu un PACS en 2004, à l'âge de dix-huit ans, à Châtonnay, 38440, Isère, Rhône-Alpes, FRANCE, avec **Vanessa, Corinne SEWGOBIND**, âgée de dix sept ans, fille de Régis, Claude, Albert SEWGOBIND et Régine CREMADES.

Davy, Igor a résidé à Lyon 8e Arrondissement, 69008, Rhône, Rhône-Alpes, FRANCE en 1988. Il a été agent de Sécurité en 2011 à Veyrins-Thuellin, 38630, Isère, Rhône-Alpes, FRANCE. Ils se sont installé dans le sud de la France, Davy est devenu dépanneur routier.

Ecole maternelle publique Philibert Delorme, au 93 rue Audibert et Lavirotte 69007 Lyon

Vanessa, Corinne SEWGOBIND. Elle est née en 1987 à Fréjus, 83600, Var, Provence-Alpes-Côte d'Azur, FRANCE. Elle a résidé à Cannes, 06150, Alpes-Maritimes, Provence-Alpes-Côte d'Azur, FRANCE en 2005.

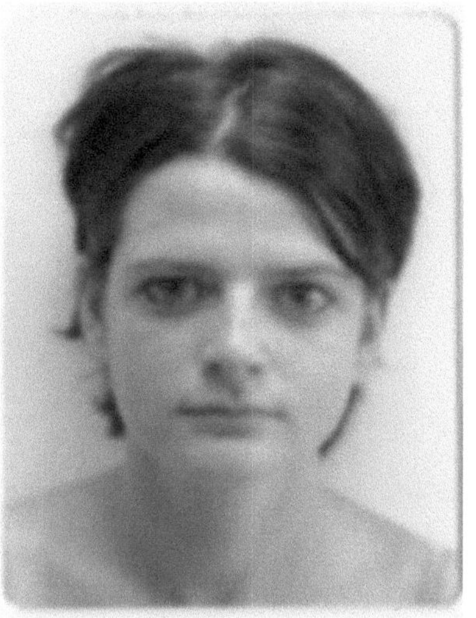

Davy, Igor BOIRAYON et Vanessa, Corinne SEWGOBIND ont eu deux filles (détails en page 103) :

62. I. **Alycia, Gabrielle BOIRAYON-SEWGOBIND**.
63. II. **Noélie BOIRAYON-SEWGOBIND**.

51. **Christopher BOIRAYON**

Fils d'Alain BOIRAYON (37) et Gabrielle, Arlette, Andrée BERNERON. Il est né en 1990 à Bourgoin-Jallieu, 38300, Isère, Rhône-Alpes, FRANCE et a été baptisé en 1992 à Châtonnay, 38440, Isère, Rhône-Alpes, FRANCE. Son parrain était Alain, Yves, Lucien BUOSI. Sa marraine était Marcelle, Josiane, Gabrielle ROGGERO.

52. **Jennifer BOIRAYON**

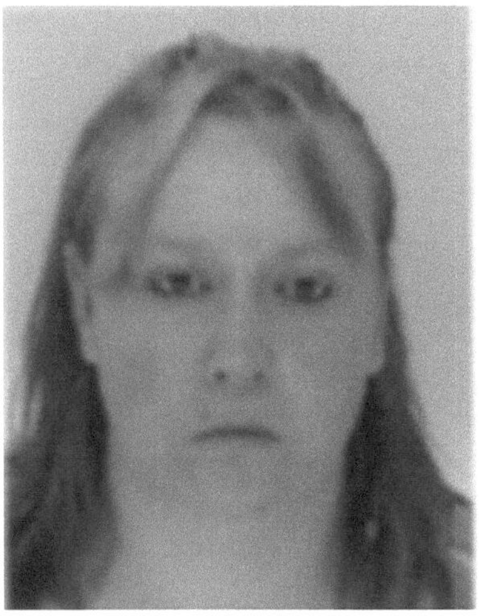

Fille d'Alain BOIRAYON (37) et Gabrielle, Arlette, Andrée BERNERON. Elle est née en 1992 à Bourgoin-Jallieu, 38300, Isère, Rhône-Alpes, FRANCE et a été baptisée en 1996 à Sainte-Anne-sur-Gervonde, 38440, Isère, Rhône-Alpes, FRANCE. Note : Présents: Déclarant Rose SARTOR 58 ans, Cdre à l'hôpital.

Son parrain était Alain, Yves, Lucien BUOSI. Sa marraine était Marcelle, Josiane, Gabrielle ROGGERO. Elle a fait sa première communion à Saint-Jean-de-Bournay, 38440, Isère, Rhône-Alpes, FRANCE le 20 juin 2004.

Note relative à la première communion de Jennifer :

Marcelle Roggero remplace Alain Buosi décédé.

Christelle Boirayon remplace Alexandra Buosi, absente.

53. **Ingrid, Séverine BOIRAYON**

Fille de Bernard, Antoine, Marc BOIRAYON (38) et Sonia VASSEUR. Elle est née en 1980 à Lyon 8e Arrondissement, 69008, Rhône, Rhône-Alpes, FRANCE. Elle s'est mariée le 21 septembre 2013, à l'âge de 33 ans, à Châtonnay, 38440, Isère, Rhône-Alpes, FRANCE, avec **Stanislas, Philippe, Dominique KOZAK**, âgé de 40 ans. Note : Présents Cindy LOISY épouse FORAY, Angéline Hermine Marie HOVASSE épouse DESSEIGNE, Cyrille JALABERT, Mickaël FORAY. Ingrid, Séverine a été agent Comptable, Gestionnaire de Paie en 2006 à Lyon, 69000, Rhône, Rhône-Alpes, FRANCE. Elle a été responsable Paie.

Stanislas, Philippe, Dominique KOZAK. Il est né en 1972 à Lyon 2e Arrondissement, 69002, Rhône, Rhône-Alpes, FRANCE.

Ingrid, Séverine BOIRAYON et Stanislas, Philippe, Dominique KOZAK ont eu quatre enfants (trois filles et un garçon) (détails en page 106) :

64. I. **Iliana, Danièle, Sonia KOZAK**.
65. II. **Elena KOZAK**.
66. III. **Cyrielle KOZAK**.
67. IV. **Milovan, Stanislas, Bernard KOZAK**.

54. **Christelle, Cécile BOIRAYON** fille de Bernard, Antoine, Marc BOIRAYON [38] et Sonia VASSEUR. Elle est née en 1982 à Lyon 8e Arrondissement, 69008, Rhône, Rhône-Alpes, FRANCE. Elle a vécu avec **Laurent MONIER**.

Laurent et Christelle, Cécile se sont séparés en septembre 2012. Christelle, Cécile a été aide soignant(e) le 1er janvier 2008 à Saint-Jean-de-Bournay, 38440, Isère, Rhône-Alpes, FRANCE.

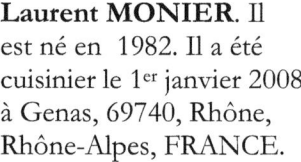

Laurent MONIER. Il est né en 1982. Il a été cuisinier le 1er janvier 2008 à Genas, 69740, Rhône, Rhône-Alpes, FRANCE.

Christelle, Cécile BOIRAYON et Laurent MONIER ont eu une fille (détails en page 107) :

68. I. **May-Lynn BOIRAYON-MONIER**.

Descendants de Georges, Antoine MILLY et Jeannine LENOIR

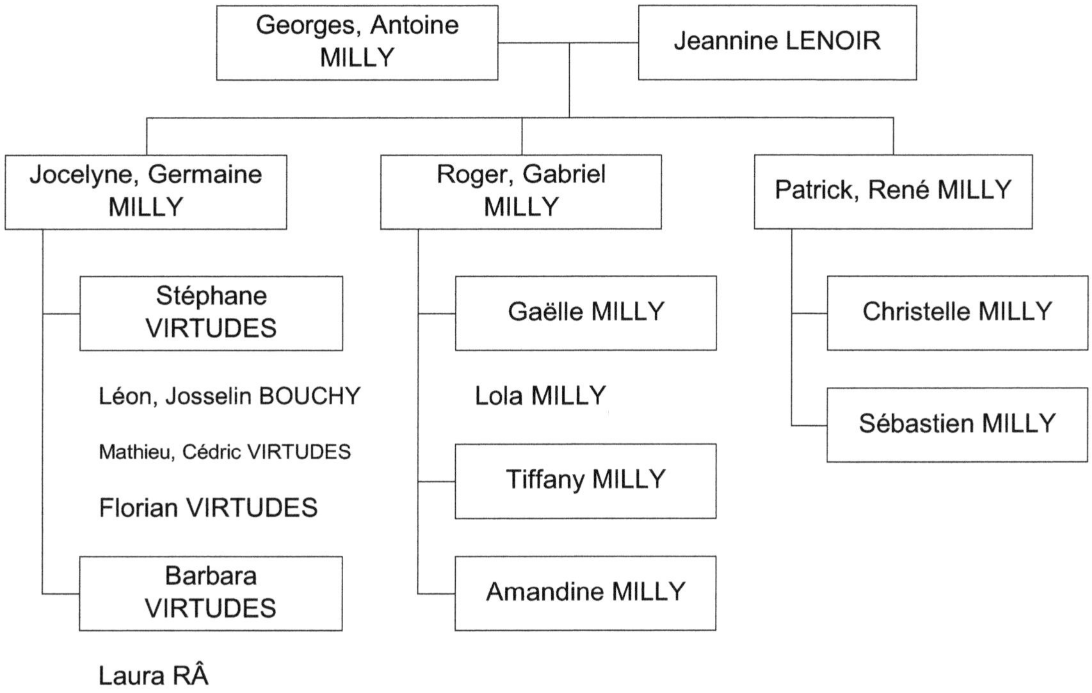

55. **Stéphane VIRTUDES** Fils de José, Félix VIRTUDES PIRES et Jocelyne, Germaine MILLY (45). Il est né en 1973 à Lyon 4e Arrondissement, 69004, Rhône, Rhône-Alpes, FRANCE. Il a vécu avec **Corine, Dominique-Alice BOUCHY**. Elle est née en 1973 à Bourg-en-Bresse, 01000, Ain, Rhône-Alpes, FRANCE. Stéphane a vécu avec **Daniella GIGAND**.

Stéphane VIRTUDES et Corine, Dominique-Alice BOUCHY ont eu un garçon (détails en page 99) :

69. I. **Léon, Josselin BOUCHY**.

Daniella GIGAND. Elle est née en 1977.

Stéphane VIRTUDES et Daniella GIGAND ont eu deux garçons (détails en page 108) :

70. I. **Mathieu, Cédric VIRTUDES**.

71. II. **Florian VIRTUDES**.

56. **Barbara VIRTUDES** fille de José, Félix VIRTUDES PIRES et Jocelyne, Germaine MILLY (45). Elle est née en 1981. Elle a vécu avec **José, Manuel RÂ**. Il est né en 1980 au PORTUGAL.

Barbara VIRTUDES et José, Manuel RÂ ont eu une fille (détails en page 108) :

72. I. **Laura RÂ**.

57. **Gaëlle MILLY** fille de Roger, Gabriel MILLY (46) et Chantal, Colette MOUILLIER. Elle est née le 9 septembre 1980. Elle a vécu avec **Bruno DEL AGUILA**, né en 1978.

Gaëlle MILLY et Bruno DEL AGUILA ont eu une fille (détails en page 109) :

73. I. **Lola MILLY**.

58. **Tiffany MILLY** fille de Roger, Gabriel MILLY (46) et Chantal, Colette MOUILLIER. Elle est née en 1984, jumelle avec :

59. **Amandine MILLY** fille de Roger, Gabriel MILLY (46) et Chantal, Colette MOUILLIER. Elle est née en 1984.

60. **Christelle MILLY** fille de Patrick, René MILLY (47) et Nadine, Marie-Josèphe, Justine GANET. Elle est née en 1982.

61. **Sébastien MILLY**

Fils de Patrick, René MILLY (47) et Nadine, Marie-Josèphe, Justine GANET. Il est né en 1986.

Génération 10

Descendants d'Alain BOIRAYON et Gabrielle, Arlette, Andrée BERNERON

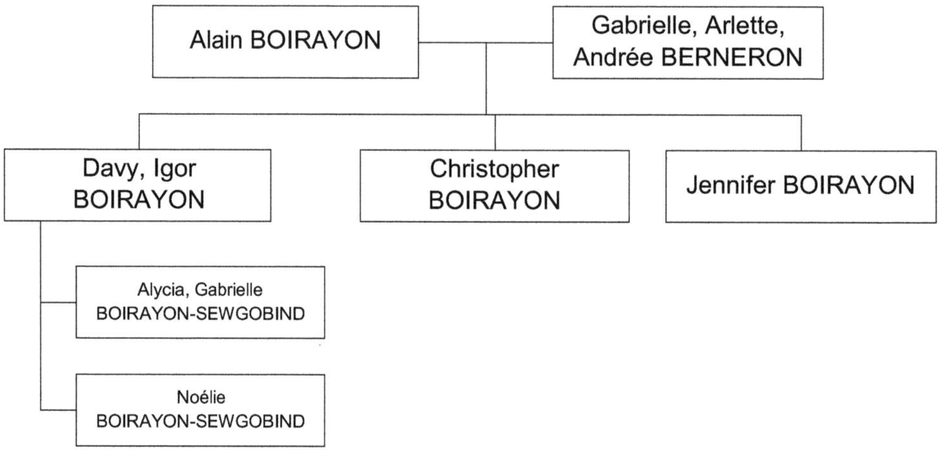

62. **Alycia, Gabrielle BOIRAYON-SEWGOBIND** fille de Davy, Igor BOIRAYON (50) et Vanessa, Corinne SEWGOBIND. Elle est née en 2011 à Belley, 01300, Ain, Rhône-Alpes, FRANCE.

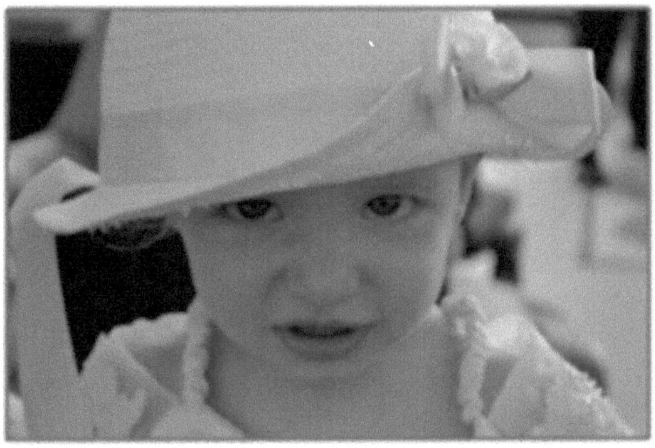

Belley entrée de l'Hôpital

63. **Noélie BOIRAYON-SEWGOBIND** fille de Davy, Igor BOIRAYON (50) et Vanessa, Corinne SEWGOBIND. Elle est née en 2014 à Cannes, 06400, Alpes-Maritimes, Provence-Alpes-Côte d'Azur, FRANCE. Note : 3kg260 49cm.

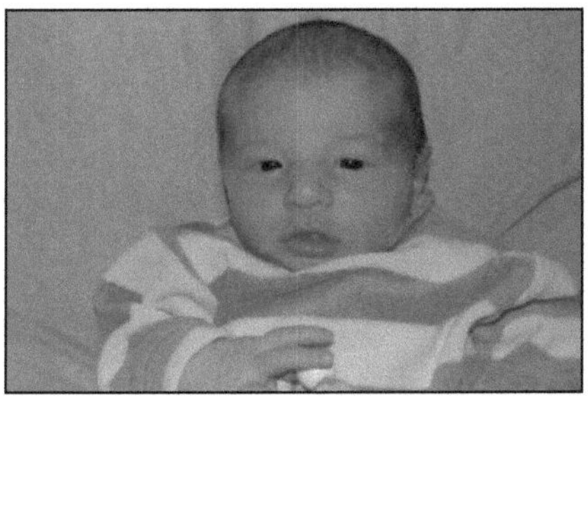

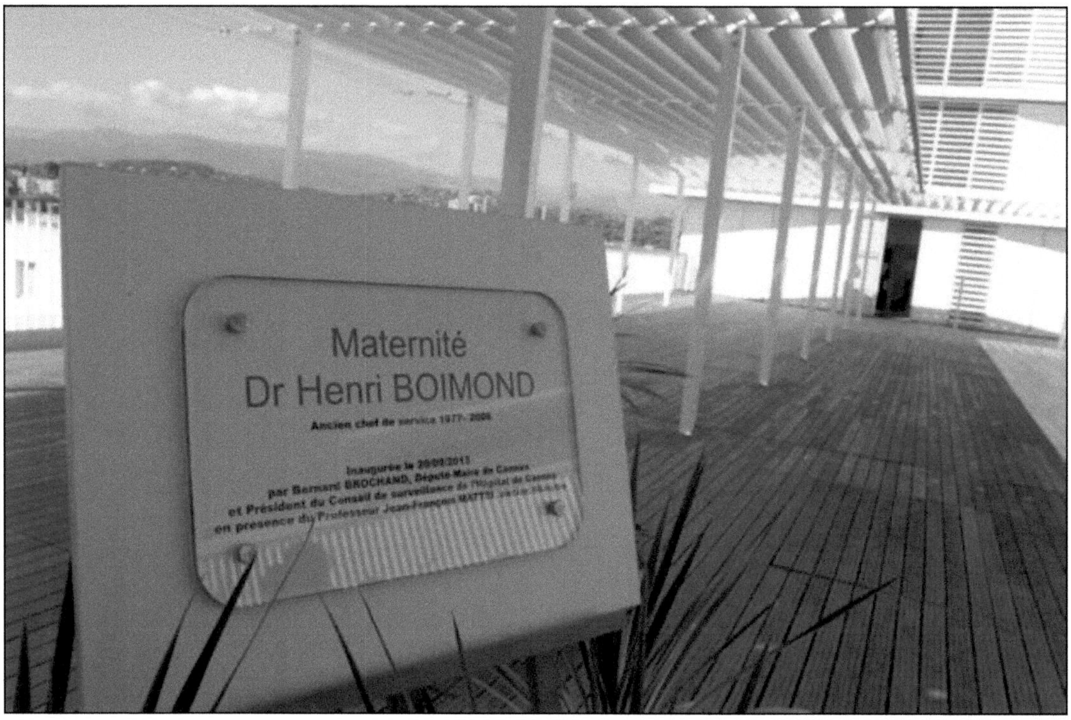

Note relative à la naissance de Noélie :

La maternité de l'hôpital de Cannes, aujourd'hui pôle unique de naissance sur la commune, est désormais baptisée « Maternité Dr Henri BOIMOND ».

15 Avenue des Broussailles, 06400 Cannes

Descendants de Bernard, Antoine, Marc BOIRAYON et Sonia VASSEUR

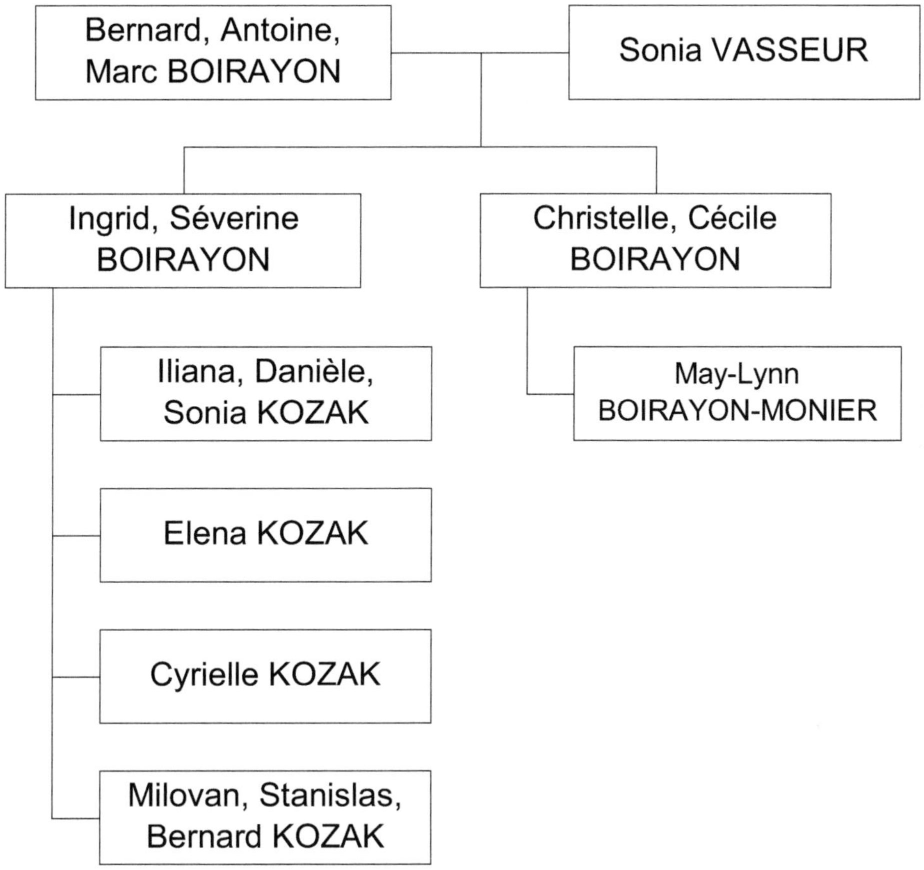

64. **Iliana, Danièle, Sonia KOZAK**

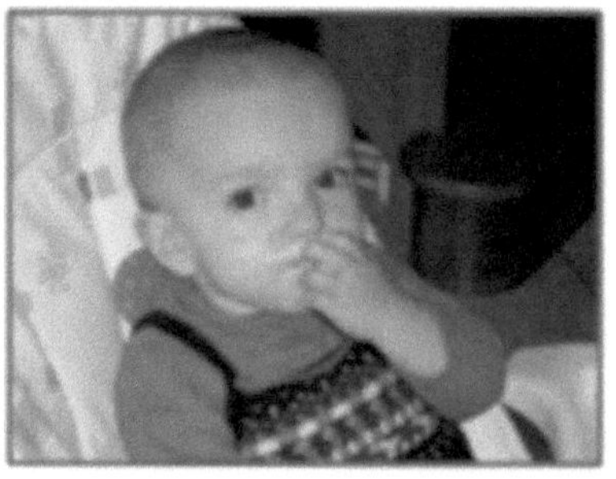

Fille de Stanislas, Philippe, Dominique KOZAK et Ingrid, Séverine BOIRAYON (53). Elle est née en 2007 à Lyon 8e Arrondissement, 69008, Rhône, Rhône-Alpes, FRANCE.

65. **Elena KOZAK** Fille de Stanislas, Philippe, Dominique KOZAK et Ingrid, Séverine BOIRAYON (53). Elle est née en 2008 à Lyon 8e Arrondissement, 69008, Rhône, Rhône-Alpes, FRANCE.

66. **Cyrielle KOZAK** Fille de Stanislas, Philippe, Dominique KOZAK et Ingrid, Séverine BOIRAYON (53). Elle est née le 15 septembre 2009 à Lyon 3e Arrondissement, 69003, Rhône, Rhône-Alpes, FRANCE. Elle est décédée le 15 septembre 2009 à Lyon 3e Arrondissement, 69003, Rhône, Rhône-Alpes, FRANCE. Elle a été inhumée en 2014 à Lyon 8e Arrondissement, 69008, Rhône, Rhône-Alpes, FRANCE. (Tombe de ses grands parents maternelle)

67. **Milovan, Stanislas, Bernard KOZAK** Fils de Stanislas, Philippe, Dominique KOZAK et Ingrid, Séverine BOIRAYON (53). Il est né en 2010 à Lyon 8e Arrondissement, 69008, Rhône, Rhône-Alpes, FRANCE. Note : Pesait 2k470 pour 44.5 cm.

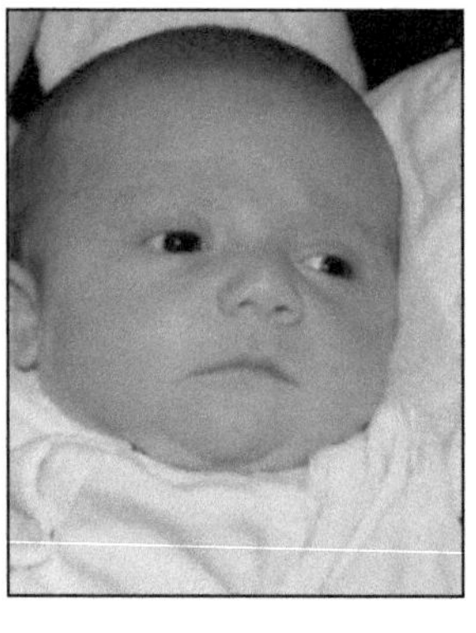

68. **May-Lynn BOIRAYON-MONIER** Fille de Laurent MONIER et Christelle, Cécile BOIRAYON (54). Elle est née en 2009 à Lyon 8e Arrondissement, 69008, Rhône, Rhône-Alpes, FRANCE.

Descendants de José, Félix VIRTUDES PIRES et Jocelyne, Germaine MILLY

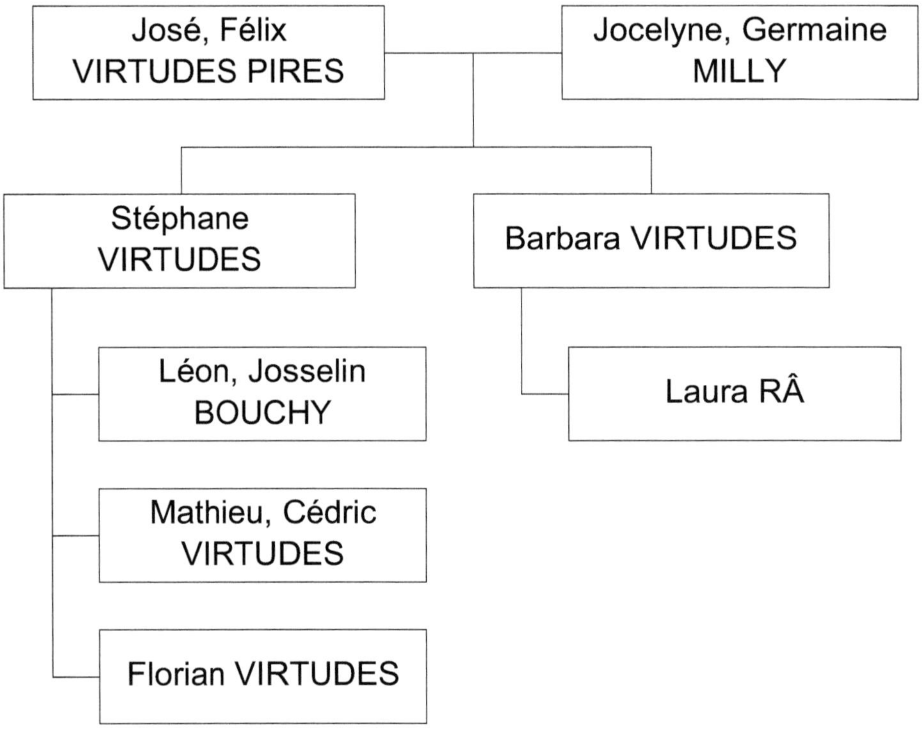

69. **Léon, Josselin BOUCHY** fils de Stéphane VIRTUDES (55) et Corine, Dominique-Alice BOUCHY. Il est né en 2009 à Viriat, 01440, Ain, Rhône-Alpes, FRANCE.

70. **Mathieu, Cédric VIRTUDES** fils de Stéphane VIRTUDES (55) et Daniella GIGAND. Il est né en 1997 à Viriat, 01440, Ain, Rhône-Alpes, FRANCE.

71. **Florian VIRTUDES** fils de Stéphane VIRTUDES (55) et Daniella GIGAND. Il est né en 1999 à Viriat, 01440, Ain, Rhône-Alpes, FRANCE.

72. **Laura RÂ** fille de José, Manuel RÂ et Barbara VIRTUDES (56). Elle est née en 2007 à Faro, PORTUGAL.

Descendants de Roger, Gabriel MILLY et Chantal, Colette MOUILLIER

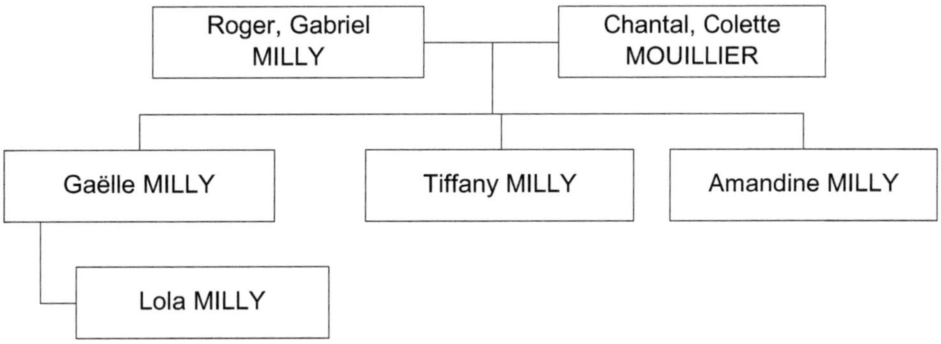

73. **Lola MILLY** fille de Bruno DEL AGUILA et Gaëlle MILLY [57]. Elle est née le 8 septembre 2009.

** **DERNIERS LENOIR Trouvé à Saint-Cyr-au-Mont-d'OR** **

Descendants de Victor LENOIR

Victor LENOIR, né vers 1875, décédé.

1901 Domicile - Saint-Cyr-au-Mont-d'Or, 69450,Rhône,Rhône-Alpes,FRANCE, Mont Thoux
Recensement 1901 6 MP 450 Population éparse v.12

Marié avec **Marie CHASSOUX**, née vers 1876, décédée *dont:*

Elisa, Marguerite LENOIR, née le 30 janvier 1901, Saint-Cyr-au-Mont-d'Or, 69450,Rhône,Rhône-Alpes,FRANCE, décédée.

Note : Naissance N° 2 Heure: 02:00 Présents LENOIR Pierre 37 ans, maçon, cousin de l'enfant, GANEL Jean cafetier 38 ans
Sources : naissance: 4 E 12050 Saint-Cyr-au-Mont-d'Or N 1901 v.02

Auguste LENOIR
Né le 19 janvier 1905 Saint-Cyr-au-Mont-d'Or
Saint-Cyr-au-Mont-d'Or N 1905 v.01

les vins de 1766 qui n'ont point été abondants puisqu'il n'y a eu qu'une tiers de recolte ordinaire ne se vendent que 13 a 14 l l'anée, parce que la [illegible] est trop grande dans la ville de lyon; d'ailleurs le bichet de bled se vend depuis la recolte derniere 6 l 10 s le bichet, bled du païs et celui d'auvergne se vend 7 l le bichet, dans la campagne aussi que dans la ville, [illegible]

Chaire du prechoir

l'an 1766 je j. B. Rouchon curé ay fait faire chez moi par un nommé joseph compagnion menuisier la chaire a precher placée dans l'eglise depuis les fetes de Noel 1766. j'ay achetté les bois des habitants, et ay payé l'ouvrier a raison de vingt sols par jour, ensorte que tant la façon, les ferrures, la couverture et les bois de la dite chaire m'ont couttez 445 l 13 s pierre rey dit [illegible] et j. Bap. deffarge recteurs de la confrerie

17 26

[illegible] St Sacrement ont preté leur reliquat d'environ 220 l ce qui m'a dedomagé. il manque encore a la dite chaire un [illegible] trompette [illegible] esprit en forme de colombe, un [illegible] dans le ciel de la chaire, et une rampe de fer a l'escallier, on fera [illegible] reparations lorsqu'il sera possible.

Notte

le 22 mars 1766 le present notte a esgard [illegible] les registres de 1763. [illegible] que les papiers et [illegible] dans les [illegible] de la sacristie puissent se perdre [illegible] que la sentence du presidial de lyon contre les heritiers girard, est du 18 avril 1763 au rapport de mr Coppier.

deux arrests du parlement l'un du 11 mars et l'autre du 29 juillet 1763 pour mr joly de fleury avocat general.

le 22 mars le tems est tres rigoureux, par un vent de bise qui regne depuis longtems, et qui nous menace d'une mauvaise recolte.

philibert peytel 6
leonarde [illegible] en
marianne meyssellier 6
philiberte peytel ent
claude chalumeau ent
claudine ferrachon 6
mathieu lancos 13
françoise gabet 6
Antoinette clair 6
claude claviz bap
claude delorme ent
claude girard 6
claude perrot 6
une fille de jean françois [illegible]
Nicolas martin 6
ignace souvetton ent
Antoinette guilliot 6
Alexis goyet m
pierre duby ent
claudine berger ent
ollivier deffarge 6
jean françois corvellon 6
guillaume perriot 6
jean marie lancos 6
jean bap jourgan 6
françois [illegible] 6

Antoine sauge 6
un batard bap
louize perrel ent
jeanne la croix ent
marie rosset 6
jean B perrussel 6
enter du dit batard
marie perriot 6
claudine marillier 6
claire perriot ent
bernard rochon m
hugues duby ent
jean claude debombourg m
Nicolas desauge m
jean chatellier m
louis [illegible] 6
simon rozet ent
jean guilliot 6
pierre goy 6
enfant d'alexis goyet ent
marie [illegible] 6
jean marie [illegible] 6
cecile bernard 6
Nicolas [illegible] 6
jean claude riche 6
marie marillier 6
claudine [illegible] bap

marie colombe martin 6
Nicolas lerrane 6
Antoinette rey 6
Antoinette guilliot en
André deffarge 6
jean janin 6
catherine girard 6
jean [illegible] en
André joannard ent
un batard bapt
jean françois André 6
benoit Noir 6
claude hubert [illegible] en
françoise [illegible] 6
claudine [illegible] 6
marie meunier ent

Fin

25 16

Notte

l'an 1767 et le 19e janvier, il est a observer que le froid dure depuis le 28 xbre dernier, que la saison est si glaciale, qu'on ne peut sortir sans crainte d'un verglas, on a remarqué que le 12 et 13 janvier le froid a été aussi fort qu'en 1709 et il y a apparence que cet hiver sera aussi rigoureux que celui de l'anée derniere

les vieilles vignes etoient gelées en 1766, et quelques unes avoient repoussées par le pied, mais on pense que le plus sur sera d'arracher presque toutes les vieilles vignes

En avril 1768 j'ay fait planter environ demi bicherée de vigne, dans la grande vigne de la Cure, près les jardinieres, ay fait porter les terres du bas en haut; il est encore environ demi bicherée de terre jouxte la di plantation, que je ferai mettre en vigne dans deux ans.

Dans le tems que dessus je fais reparer le linge de la sacristie, qui etait hors de service nous avons achetté 2 surplis, dix aubes mousseline, et de la toile pour des nappes dont il y a inventaire dans le livre de la luminaire; le tout payé des deniers de la pension du sr Gerard, qu'il a payé, en execution de l'arrest que j'obtiens au parlement

Bibliographie

Anciens des familles : BOIRAYON, LENOIR et collatéraux.

Mairie de Lyon, Bourgoin-Jallieu, Belley et communes de naissance

Bibliothèque de Lyon

Cybergénéalogie avec : Archives départementales du Rhône, et des lieux de naissance.
Généanet ® " Généalogie internet".
S.G.L.B. à Lyon ®

Transcription littérale de Vincent Peytel (Poleymieux au Mont d'OR)

Documents photographiques aérien Google ®

Index des noms

A

- AGUILA (DEL)
  - Bruno (1978-), 100, 109
  - Gaëlle (MILLY) (1980-), 100, 109

B

- BACOU
  - Catherine (1967-), 68, 80, 92
  - Gilles (1962-), 68, 80
  - Marcelle (LENOIR) (1935-), 68, 80
  - Pierre, Gabriel (1935-1984), 67, 80
- BERNERON
  - Arlette, Gabrielle, Jacqueline (ROGGERO) (1945-), 82
  - Gabrielle, Arlette, Andrée (1960-), 82, 85, 94, 96
  - Robert, Lucien, Raymond (1923-2014), 82
- BERTHIER
  - Antoine, 13
  - Jeanne, 13, 14
- BOIRAYON
  - Alain (1948-), 75, 82, 85, 94, 96
  - Bernard, Antoine, Marc (1950-), 75, 86, 97, 98
  - Christelle, Cécile (1982-), 86, 98, 107
  - Christopher (1990-), 85, 96
  - Davy, Igor (1985-), 85, 94, 95, 103
  - Félix, Jean, Marius (1918-1993), 82
  - Gabrielle, Arlette, Andrée (BERNERON) (1960-), 82, 94, 96
  - Ingrid, Séverine (1980-), 86, 97, 106
  - Jeanne, Marguerite (MOULIN) (1892-1953), 69
  - Jennifer (1992-), 85, 96
  - Laurent, Marius (1924-1979), 69, 72, 82, 86
  - Marius, Ignace, Bonaventure (1884-1942), 69
  - Raymonde (LENOIR) (1929-1955), 75, 82, 86
  - Sonia (VASSEUR) (1958-), 86, 97, 98
  - Vanessa, Corinne (SEWGOBIND) (1987-), 94, 103
- BOIRAYON-MONIER
  - May-Lynn (2009-), 98, 107
- BOIRAYON-SEWGOBIND
  - Alycia, Gabrielle (2011-), 95, 103
  - Noélie (2014-), 95, 103
- BOUCHY
  - Corine, Dominique-Alice (1973-), 100, 108
  - Léon, Josselin (2009-), 100, 108
- BOURGET
  - Germaine (1911-1987), 77
- BOYAT
  - Catherine (BACOU) (1967-), 80, 92
  - Marion (1994-), 80, 92
  - Philippe, 80, 92
  - Pierre (1991-), 80, 92
- BRUN
  - Marguerite (1843-), 36
- BUISSON
  - Blandine, 16
- BUOSI
  - Alain, Yves, Lucien (1952-1996), 96

C

- CARBON
  - Antoine (1806-), 23, 24
  - Benoîte (GILLAS) (-1827), 23
  - JEAN (-1838), 23
  - Jeanne (DESBEAUX) (-1841), 24
- CAVARD
  - Aimé, Benoît, 45
  - Catherine (MINJARD), 45
  - Jean-Marie (1872-), 45, 48
- CHAIZE
  - Antoinette (JOUBARD) (1843-1920), 40
  - Jean, Fleury (1835-1918), 40
  - Philomène (1872-<1943), 40, 52, 55
- CHENELAT
  - Jacques (-1890), 44
  - Jean-Louis (1874-), 44
  - Marie, Aimée (VIGNAT), 44
- COMBIER
  - Joseph, Auguste, Ernest, 45
- CREMADES
  - Régine (1957-), 94

D

- DARGERE
  - Antoine, 16
  - Antoine (1777-), 16
  - Jeanne (GAYET), 16
- DELORME
  - Benoît (1866-), 52, 55
  - Jeanne, Joséphine (1908-1966), 52, 53, 63, 64, 66, 67
  - Louise, Antoinette (1906-1994), 55, 57, 60, 69, 75, 77, 82
  - Marie Louise (GARNIER) (1873-), 52, 55
- DESBEAUX
  - Jeanne (-1841), 24

G

- GANET
  - Nadine, Marie-Josèphe, Justine (1960-), 90, 101

GARNIER
Marie Louise (1873-), 52, 55
GAYET
Jeanne, 16
GIGAND
Daniella (1977-), 100, 108
GILLAS
Benoîte (-1827), 23
GILLIARD
Catherine (THEVE), 18
Claude, 18
Marguerite (1783-1850), 18, 19, 23, 24, 25
GONTHIER
Catherine (1862-), 57

J

JOUBARD
Antoinette (1843-1920), 40
JULLIARD
Marie, 14

K

KOZAK
Cyrielle (2009-2009), 97, 106
Elena (2008-), 97, 106
Iliana, Danièle, Sonia (2007-), 97, 106
Ingrid, Séverine (BOIRAYON) (1980-), 97, 106
Milovan, Stanislas, Bernard (2010-), 97, 106
Stanislas, Philippe, Dominique (1972-), 97, 106

L

LAMBERT
Catherine (1796-), 25
LENOIR
Antoine (1867-1933), 27, 36, 39, 50, 52
Antoine (1898-1978), 44, 52, 54, 63, 64, 66, 67
Claude (1784-1870), 14, 18, 21, 23, 24, 25
Claude (1902-1902), 48, 61
Claudine, Françoise (1864-1922), 27, 32, 35, 49
Claudius (1903-1943), 44, 55, 59, 69, 75, 77
Germaine (1930-), 59, 75, 76, 87
Jean (1904-1925), 39, 52
Jean-Antoine (1828-1901), 21, 25, 27, 29, 31, 32, 36, 40, 44, 45
Jean-Antoine (1886-1960), 31, 49
Jean-Claude (1826-1826), 21, 24
Jeanne (1822-), 21, 23
Jeanne, Joséphine (DELORME) (1908-1966), 52, 63, 64, 66, 67
Jeannine (1932-), 59, 77, 78, 88, 89, 90
Joséphine (1863-1886), 27, 31, 49
Joséphine, Madeleine (1875-), 27, 45, 48, 61
Louise, Antoinette (DELORME) (1906-1994), 55, 69, 75, 77
Marcelle (1935-), 54, 67, 68, 80
Marguerite (1872-), 27, 44
Marguerite (1895-1912), 39, 50
Marguerite (GILLIARD) (1783-1850), 18, 23, 24, 25
Marie (VAILLANT) (1830-1901), 25, 29, 31, 32, 36, 40, 44, 45
Marie-Thérèse (TOLLY) (1868-1932), 36, 50, 52
Paulette-Louise (1932-), 54, 66, 79
Philibert (1858-1939), 27, 29
Philomène (CHAIZE) (1872-<1943), 40, 52, 55
Raymonde (1929-1955), 59, 69, 75, 82, 86
Roger (1930-1955), 54, 64
Victor (1869-1943), 27, 40, 44, 52, 55
Yvette (1927-), 54, 63, 79
LIGIER
Madeleine (1941-), 86

M

MALCLES
Alphonse (-2000), 63, 79
Jean-Noël, 63, 79
Yves (1956-1958), 63, 79
Yvette (LENOIR) (1927-), 63, 79
MARCELLIN
Antoinette (1892-1912), 35, 49
Antoinette (THEVENET), 32
Claudine, Françoise (LENOIR) (1864-1922), 35, 49
Jean-Baptiste (1853-), 32, 35, 49
Jean-Etienne, 32
MARTIN
Joëlle, 66, 79
Paulette-Louise (LENOIR) (1932-), 66, 79
René, 66, 79
MILLY
Amandine (1984-), 89, 100
Auguste, Raymond (1908-1994), 77
Chantal, Colette (MOUILLIER) (1958-), 89, 100
Christelle (1982-), 90, 101
Gaëlle (1980-), 89, 100, 109
Georges, Antoine (1929-2006), 77, 88, 89, 90
Germaine (BOURGET) (1911-1987), 77
Jeannine (LENOIR) (1932-), 78, 88, 89, 90
Jocelyne, Germaine (1953-), 78, 88, 100
Lola (2009-), 100, 109
Nadine, Marie-Josèphe, Justine (GANET) (1960-), 90, 101
Patrick, René (1958-), 78, 90, 101
Roger, Gabriel (1956-), 78, 89, 100
Sébastien (1986-), 90, 101

Tiffany (1984-), 89, 100
MINJARD
Catherine, 45
MONIER
Christelle, Cécile (BOIRAYON) (1982-), 98, 107
Laurent (1982-), 98, 107
MOUILLIER
Chantal, Colette (1958-), 89, 100
MOULIN
Jeanne, Marguerite (1892-1953), 69
MURAT
Alexandre (-<1766), 14
Jeanne, Marie, 14, 16, 18, 21
Marie (JULLIARD), 14

N

Né/LENOIR
Mort (1928-1928), 54, 63
NOIR-LENOIR
Antoine, 13, 14, 16, 18, 21
Claude, 13, 14
Etienne (1787-), 14, 21
GEORGETTE (~1770-), 14, 16
Jeanne (BERTHIER), 13, 14
Jeanne, Marie (MURAT), 14, 16, 18, 21
Jean-Pierre, 13, 14

P

PECOLO
Colette, 76, 87
Dominique, 76, 87
Gabriel (1924-2011), 75, 87
Germaine (LENOIR) (1930-), 76, 87
Jacqueline, 76, 87
Jean-Charles, 76, 87
Marie-Hélène, 76, 87
Philippe, 76, 87
PUPIER
Antoine (1903-1968), 57, 86
Catherine (GONTHIER) (1862-), 57
Jean-Claude (1862-), 57

R

RÂ
Barbara (VIRTUDES) (1981-), 100, 108
José, Manuel (1980-), 100, 108
Laura (2007-), 100, 108
RAOUX
Igor (1971-), 94
ROGGERO
Arlette, Gabrielle, Jacqueline (1945-), 82
Marcelle, Josiane, Gabrielle (1947-), 96

S

SEWGOBIND
Régine (CREMADES) (1957-), 94
Régis, Claude, Albert (1958-), 94
Vanessa, Corinne (1987-), 94, 95, 103

T

THEVE
Catherine, 18
THEVENET
Antoinette, 32
TOLLY
Marguerite (BRUN) (1843-), 36
Marie-Thérèse (1868-1932), 36, 38, 50, 52
Pierre-Antoine (1839-1921), 36
TRUCHET
Blandine (BUISSON), 16
Claude, 16
Claude (1771-1806), 16

V

VAILLANT
Catherine (LAMBERT) (1796-), 25
Marie (1830-1901), 25, 27, 29, 31, 32, 36, 40, 44, 45
Philibert (1800-), 25
VASSEUR
André (1932-2003), 86
Madeleine (LIGIER) (1941-), 86
Sonia (1958-), 86, 94, 97, 98
VIGNAT
Marie, Aimée, 44
VIRTUDES
Barbara (1981-), 88, 100, 108
Corine, Dominique-Alice (BOUCHY) (1973-), 100, 108
Daniella (GIGAND) (1977-), 100, 108
Florian (1999-), 100, 108
Mathieu, Cédric (1997-), 100, 108
Stéphane (1973-), 88, 100, 108
VIRTUDES PIRES
Jocelyne, Germaine (MILLY) (1953-), 88, 100
José, Félix (1951-), 88, 100

Note de l'auteur

J'ai fait le maximum de recherches pour avoir des sources fiables et ainsi redonner vie à nos ancêtres, il se peut que vous déteniez des documents plus renseignés, il me serait agréable et utile de m'en donner connaissance, ils seront ainsi actualisés à la demande de réédition ainsi que les nouvelles générations que je ne connais pas forcément.

Je remercie les personnes qui participent à l'évolution de mes données généalogiques.
Tous documents (copies) concernant nos ancêtres (photos, acte notariés, notes où archives familiale) sont les bienvenus.

GROSSE CATASTROPHE A POLEYMIEUX

Compte-rendu du conseil municipal de Poleymieux du 3 septembre 1803

Cejourdhui troisième jour de fructidor an onze de la republique française Les maire et adjoint de la commune de poleymieux au mont d' or deuxième arrondissement communal du département du Rhône.

Au Préfet du dit Département

Citoyen,

après avoir consulté le citoyen Dechavannes conseiller de préfecture qui se trouve dans ce moment a Neuville chef lieu de notre canton sur le malheureux événement arrivé hier matin dans notre commune avant quatre heures, Nous maire et adjoint venons vous demander, au nom de tous nos concitoyens, votre médiation auprès du Gouvernement, pour obtenir les indemnités qu il croira e justes d' après l exposé cy dessous et d' après le rapport des commissaires que vous voudrés bien nommes et faire le désir bien prononcé de tous les habitans de la commune.

Hier deux fructidor avant quatre heures du matin une pluye mêlée d un peu de grêle est tombée si abondament que tous les fonds de la commune sont en partie dégradés, notamment les, vignes dont le sol est plus ou moins sentueux:ily en a dont le terrain a été tout emporté,d' autres ou les seps et fruits ont été arrachés, et d' autres, enfin dans les bas fonds ou ils sont enterrés dans les pierres venant du hauL Les prairies a mi coteau, elles dans les bas fonds sont presque toutes couvertes de de pierres, graviers, terre sablon, et creusées dans beaucoup d'endroits ou les torrens ont passés avec impétuosité plusieurs maisons ont couru grand danger d' être renversées par les dits torrens, elles ont été remplies d' eau, de boue,, et de graviers il y a même des murs qui ont écroulés, et une partie des habitans du hameau de la rivière a couru le danger d' être emporté par

les dits --- Les chemins sont en partie detruits, ily en a ou il n' est plus possible de passer avec

des voitures, même avec des bettes de somme, dans les terres labourables la partie haute est desvendue.

Nous vous prions donc d' envoyer le plus tôt possible les commissaires que nous reclamons, afin qu' on puisse reparer les chemins, les murs les bordures des ruisseaux, creuser leur lit pour prévenir des nouveaux malheurs, soit pour les maisons en danger, soit pour les fonds ou les torrens d' eau conduisent les pierres, graviers et boue en raison de ce que les chemins ne peuvent les contenir par défaut de largeur, de plus de pente en quelques endroits et enfin parce que ils sont en partie entravés ainsi que nous l' avons déjà dit dans nos procès verbaux des 20 pluviôse an 9 ; 16 pluviôse et 3 prairial an 11 qui tous ont été sans approbation, cependant le premier avait été provoqué et recommandé avec beaucoup d' instance par votre prédécesseur qui mettoit un grand interest a la réparation des chemins vicinaux.

Signé : BOTTON — *FILLIO*

Adjoint — *maire*

Transcription littérale

Compte rendu de la séance du 9 septembre 1803

Séance du neuf fructidor an onze de la republique

Liberté Egalité

Ce jourd'hui neuf fructidor nous maire, adjoint, et deux citoyens de notre commune, que nous avons invité a nous accompagner pour faire la vérification des principaux dégâts arrivés le trois courant dans cette commune : Nous avons, en conséquence, procédés ainsi qu'il suit.

1 Les murs du jardin de la cour du citoyen Jean Balmond au hameau de la rivière, ont été renversés, ses batiments, ecurie caves ont été pleins d'eau, de boue et sa cour pleine de marrains ;il a vigne et pré au territoir de la roche qui ont été très endommagés.

2 une partie des Batiments, caves, celiers du citoyen Pierre Boy au même hameau, ont été remplis d'eau et de boue, et sa cour ou haire pour battre le blé est couverte de marrain ;le mur qui existait le long d'un ruisseau a été renversé, celui de son engard a couru grand danger de l'être aussi, il est obligé de le construire a neuf et de le reculer. Son verger vis a vis sa maison a été en partie détruit, le torrent ayant traversé le chemin a renversé le mur de clôture qui est tombé avec violence et a traîné une quantité de grosses pierres qui ont gâté beaucouo d'arbres a fruit. Il a une vigne dans la section B en partie détruite, une terre au territoire de montoud qui est pleine de rases, une cheneviere au territoire de glandier en partie detruit, et une vigne aux cotes très endommagée.

3 Les vignes du citoyen Brunet ont été très endommagées, notamment de la barre et de boin.

4 Antoine Chomel a une vigne au même terriroire, tres endommagée.

5 Vialon Bot-net a une vigne au territoire des gayettes, tres endommagée

6 citoyen Claude Menet a beaucoup de mal dans ses vignes des gayettes, le verger en dessous est tout couvert de marrains, ses deux vergers au hameau de la rivière sont en partie couvert de marrains, surtout un pré dont les murs ont été presque tous

renversés ;son chenevier a été détruit en partie, l'engrais a été enlevé ainsi que celui qu 'il avoit mit dans ses vignes.

7 Jean et Hugues Pennet ont une partie de leur jardin dont la terre a été entrainé, un pré couvert de marrains, une vigne a l'yverna , une aux cotes , une en harbet très endommagéees.

8 citoyen Joseph Boy a beaucoup de mal dans sa vigne et son pré au territoire de la roche qui est presque tout couvert de marrains ;une terre a montoux endommagée.

9 Benoit Royet a également beaucoup du mal dans sa vigne et son pré au territoire de la Roche.

10 Blanchet a également beaucoup du mal dans sa vigne et son pré au même territoire territoire

11 citoyens Jean Rolet et Jean Louis Chomel ont des vignes au territoire de la roche bien endommagées et deux prés couvert de marrains , une terre a l'yverna bien endommagéee ainsi qu 'une vigne et une autre terre a montoux pleine de rases, une vigne au gaynard une autre vigne et un chenevier très endommagés et une jeune vigne arrachée en partie au territoire de glandier.

12 Le citoyen Champagne a ses vignes aux gayettes a l'iverna a glandier endommagéees, ses chenevieres et pré aussi endommagés et du marrain.

13 Victor et Claude Royet ont une vigne aux gayettes et une vigne aux cotes qui sont bien endommagées

14 Claude Pennet a une vigne a l'hiverna bien endommagée

15 Etienne Balmond et Jean Massoud on une petite vigne a l'hiverna une en harbet et une aux cotes qui sont bien endommagées

16 Le citoyen Charvet a au territoire des granges, une grande terre pleine de rases et très endommagée.

17 Louis Pennet au même territoire a une terre bien endommagée

18 Claude Mathias du molard a au même territoire une terre endommagée ;vigne terre et cheneviere en glandier qui sont également endommagées.

19 Henri Delhorme a un pré le long du ruisseau de Hernie qui est presque tout couvert de marrain

20 Abraham Botton Père de Louis Botton adjoint a un petit pré en dessous de celui cy dessus couvert en partie de marrains
21 Abraham Botton des chavannes en a un également a la suite des cy dessus qui a du marrain, mais en moins grande quantité
22 Jean Claude marcel en a aussi un qui est comme le cy dessus
23 Jean Antoine Charnel en a aussi un qui est comme le cy dessus et une vigne aux cotes bien endommagée.
24 Antoine Pennet a beaucoup de marrain dans son pré le long du ruisseau de Lierme. et sa vigne en harbet a beaucoup été endommagée.
25 Benoit Mathias Père et Benoit mathias fils de vers l'Eglise ont également un pré au dessous du susdit dans lequel le ruisseau de lierme aparté beaucoup de marrains.
26 Abraham Ponson a un pré a glandier qui est couvert en partie du marrain que le ruisseau y a traîné.
27 Antoine Rolet deplanchamp a au territoire d'harbet terre et vignes endommagées
28 André chanet aussi des vignes au même territoire qui sont endommagées.
29 La citoyenne Vve Ampaire a beaucoup du mal, des terres emportées dans des grandes vignes au territoire du cruix.
30 Sebastien Goyard a aussi beaucoup du mal et des terres emportées dans sa vigne au même territoire du cruix.
31 Claude Bourricand a une vigne au même territoire qui a également été endommagée.
32 Jean Ravet a une vigne au même territoire une vigne bien endommagée.
33 Antoine Solfier a éprouvé beaucoup de mal dans touttes ses ses vignes.
34 Nicolas Rolet , Antoine Botton de planchamp ont des vignes au territoire du cruix qui ont été endommagées.
35 Olivier Chevalier a beaucoup du dans ses vignes de la mabi.
36 Abraham Pennet a un mur renversé, tere emportée au gambin.
37 Guillaume Chomel a du mal dans ses vignes des cotes et d'harbet.
38 Antoine Bain et son beau frère ont aussi du mal dans leurs vignes des cottes et aussi un pan de mur renversé.

39 Le citoyen fillion a touttes ses vignes très endommagées, une terre aux cotes qui n 'a presque plus que le roch, ses terres a glandier bien endommagées, ainsi qu 'une luiserniere, sesprés, verger ouvert en partie de marrains, sa cour pleine de marrains, ses bâtiments pleins d 'eau et de boue.
40 la vigne d 'Antoine et François Cusset aux cotes a été bien endomma-gée, le verger au dessous a beaucoup de marrains.
41 Les héritiers Guillin ont un pré a la rivière couvert de marrains dans une partie et au hameau de l 'Eglise des terres et vignes très endommagées.
42 Jacques et Louis Cusset au territoire des combes ont des parties de vignes et terres emportées.
Nous estimons que tous ces dégâts peuvent être évalués a trente mille francs et ceux dans les mires fonds de la commune a vingt mille francs. Nous disons a trente mille et vingt mille francs.

Signé : Chomel – Guillaume Peytel - Botton : adjoint
-------------------------------- Fillion :maire

Enumération un peu fastidieuse peut être, mais cela montre que déjà à cette époque la nature pouvait se montrer très dévastatrice à travers un orage, le nombre élevé de sinistrés représentait peut être la moitié ou plus des exploitations agricoles.

Laissons toujours le passage des eaux dégagé et entretenu, car si la situation du hameau de la Rivière ne ressemble en rien à la Vendée ou aux Charentes, il n'en reste pas moins un secteur délicat en cas de très gros orages accompagnés de fortes précipitations.

Vincent Peytel

Transcrip-
tion littérale

Benediction du Drapeau

Claude peytel

joseph peytel

POLEYMIEUX_Bénédiction_Drapeau_038.jpg